KB110422

북한 남침 이후 3일간, 이승만 대통령의 행적

차례
Contents

저자 서문

6·25전쟁은 신생 대한민국이 감당하기 어려운 전쟁이었다. 전쟁 당시 한반도 주변 상황은 최악이었다. 미국은 한반도의 전략적 평가를 낮게 평가하고, 한국정부의 반대에도 불구하고, 주한미군 철수를 단행했다. 이때가 1949년 6월 말이었다. 이어 8월에는 소련에서 원자폭탄 실험에 성공함에 따라 미국의 핵무기 독점우위에 대한 기득권을 상실했다. 10월에는 중국대륙이 공산화되었다.

여기에 설상가상으로 미국의 애치슨(Dean G. Acheson) 국무장관은 1950년 1월 12일 전국 기자클럽에서 미국의 극동방위선에서 한국을 제외한다는 연설을 했다. 남침의 기회를 노리고 있던 김일성(金日成)은 모스크바로 달려가 스탈린(Joseph V. Stalin)을 설득하여 남침을 승인받은 데 이어, 막대한 공격용 무기를 지원받았다.

스탈린은 북한의 승리를 확실히 보장하기 위해 대령급 장교로 구성된 소련군의 유능한 작전전문가들을 북한에 보내 남침공격계획을 작성해주도록 했다. 이른바 전쟁개시 2일 만에 서울을 점령하고, 1개월 만에 남한을 완전히 점령한다는 '야심 찬 계획'이었다.

스탈린은 전쟁 중 미국의 참전 등 돌발 사태를 고려하여, 당시 중국대륙을 석권한 마오쩌둥(毛澤東)이 남침에 동참하도록 손을 썼다. 김일성으로 하여금 전쟁에 대한 동의를 얻어내라는 것이었다. 베이징(北京)을 방문한 김일성에게 마오쩌둥은 미군이 참전하면 북한을 기꺼이 돕겠다고 약속했다.

6·25전쟁은 처음부터 대한민국에 불리한 상태에서 시작됐다. 이승만 대통령은 이런 사태를 예견하고 전쟁 전 미국에 한미상호방위조약체결을 비롯하여 아태 지역의 반공국가를 중심으로 태평양동맹결성을 주장하였으나 거절당했다. 그러자 한국이 자력으로 싸울 수 있도록 전차와 전투기를 지원해 주도록 요청했으나, 그것마저 거절당했다. 그 결과 전쟁이 났을 때 북한군이 전차 242대와 전투기 226대를 가졌음에도, 국군은 단 한 대의 전차나 전투기도 보유하지 못

했다.

전쟁의 결과는 불을 보듯 뻔했다. 대한민국이 여러 면에서 질 수밖에 없는 전쟁이었다. 그럼에도 대한민국은 전화(戰火) 속에서 살아남았다. 그 중심에는 이승만 대통령이 있었다. 그런데도 6·25전쟁 시 이승만 대통령에 대한 평가는 혹독하기 그지없다. 전쟁이 났는데 아무 일도 하지 않은 무능한 대통령, 전쟁이 나자 혼자만 살겠다고 도망친 대통령으로만 그려져 있다. 그중에서도 남침 이후 이승만 대통령이 대전으로 피란하기까지의 3일간, 즉 72시간에 대한 평가는 더욱 가혹하다.

따라서 이 책에서는 이러한 문제점을 인식하고, 이승만 대통령의 남침 이후 3일간의 행적을 국내외 사료에 대한 철저한 분석을 통해 시간대별로 정리했다. 이렇게 함으로써 남침을 당했을 때, 이승만 대통령이 "무엇을 어떻게 조치하고 활동했는가?"를 새롭게 규명하고자 하였다.

이를 통해 이승만 대통령에 대해 이제까지 사실(史實)과 다르게 잘못 알려졌거나, 잘못 평가되었거나, 나아가 심하게 왜곡된 내용들을 바로 잡을 수 있도록 하는 데 있다. 또한 전시 지도자로서 이승만 대통령에 대한 올바른 인식과 함께 정당한 평가도 반드시 이루어져야한다는 취지에서 이 책을 썼다.

그런 점에서 이 책은 6·25전쟁에 대한 재인식을 통해 대한민국 현대사를 올바르게 이해할 뿐만 아니라, 대한민국의 정체성 확립에도 기여할 것으로 기대한다. 나아가 남침 이후 이승만 대통령의 72시간 행적을 통해 전시 지도자로서, 국가원수로서, 국군통수권자로서의 정당한 평가도 아울러 기대해 본다.

2015년 10월

남정옥

프롤로그

6·25전쟁은 소련의 스탈린과 중국의 마오쩌둥, 그리고 미국에 대항한 '이승만의 전쟁'이었다.

이승만(李承晩, 1875~1965)은, 3년 1개월간의 전쟁 동안 김일성으로 하여금 전쟁을 할 수 있도록 물심양면으로 지원한 스탈린과 마오쩌둥, 그리고 북진통일을 가로막은 워싱턴과 대립하며, 대한민국의 운명과 우리 민족의 생존권을 놓고 싸우고 또 싸웠다. 이른바 '벼랑 끝 전술'을 구사했다. 대표적인 것이 유엔군에서 국군 철수와 국군 단독의 북진통일, 그리고 반공포로석방이었다.

그리고 마침내 이승만 대통령의 뛰어난 지도력에 의해 자

대한민국 정부수립 기념식에서 대통령 선서를 하고 있는 이승만 대통령
(1948년 8월 15일)

유민주주의 체제의 대한민국을 극적으로 살려냈다. 뿐만 아니라 오늘날 대한민국이 세계 10위권의 경제대국 지위를 누릴 수 있도록 튼튼한 안보적 토대와 경제적 기틀을 마련했다. 이른바 한미상호방위조약체결에 따른 한미동맹, 국군 20개 사단의 증강과 해·공군의 현대화, 그리고 전후 복구와 경제부흥을 위한 토대 마련이다.

이러한 연장선상에서 이승만의 업적을 긍정적으로 평가하면서 그를 옹호하는 학자들은 이승만을 '외교의 신'[1] '대한민국의 국부' '아시아의 지도자' '20세기의 영웅'[2] '조지 워싱턴·토머스 제퍼슨·에이브러햄 링컨을 모두 합친 만큼의 위인' '한국의 조지 워싱턴'[3] '6·25동란을 수습한 절대공로자'[4]로 격찬하고 있다.

그럼에도 국내 사회와 학계 일각에서는 전시 이승만 대통령에 대한 평가에 인색하기 그지없다. 그들은 오로지 이승만의 정치적 흠집 내지는 결점만을 찾아내는 데 혈안(血眼)이 되어 있다. 이승만의 전시 업적에 대해서는 아예 관심이 없거나 이를 무시한다. 그들에게는 이승만의 과오만 필요했다. 오랜 노력 끝에 그들이 얻어낸 '성과'가 바로, 이승만 때리기에 '유용한 것'들이다.

이른바 이승만을 '전쟁에 대비하지 못한 무능한 대통령' '남침 이후 별로 하는 것 없이 서울 시민을 내팽개치고 피란을 간 무책임한 지도자' '한강교를 조기에 폭파하여 서울 시민을 공산치하에서 죽음으로 몰아넣은 무정한 대통령' '전쟁 중에는 장기집권을 위해 부산정치파동을 일으킨 권력욕의 화신(化身)' 등으로 폄하(貶下)하고 있다.[5]

그중에서도 남침 직후 3일간(72시간), 이승만의 과오와 잘못된 행적에 대부분 초점을 맞추고 있다. 그렇다면 과연 이승만은 이들 '비난 세력'이 말한 것처럼 용렬하고 무능한 인물이었던가? 정말로 그는 남침 직후 아무 일도 하지 않고 일

신(一身)의 안위를 위해 피란을 갔던 대통령이었는가? 그것은 과연 신뢰성이 있는 것인가? 어디까지가 진실이고, 어디까지가 거짓인가? 이에 대한 답을 구하는 것이 이 글을 쓰게 된 배경이자 동기이다.

그럼에도 논란이 되고 있는 남침 직후 '이승만의 3일간 행적'에 대한 연구는 거의 전무하다. 기록도 거의 없고, 사실을 확인할 수 있는 자료도 희박하다. 그나마 남아 있는 기록도 종합되지 않고 단편적으로 흩어져 있다. 더욱이 있는 것조차도 서로 내용이 틀리다. 출처가 불명확하니 어떤 것이 맞는지조차도 의문스럽다.

이는 당시의 국가기록이 별로 남아 있지 않은 데다, 이승만 대통령 자신의 기록도 온존(溫存)히 보존되지 않는 데에 기인하고 있다.[6] 또 몇 안 되는 이와 관련된 기록들도 당시의 상황을 전체적으로 그리고 객관적으로 파악하는 데에는 한계가 있다. 그럼에도 이제까지 이들 자료가 남침 이후 이승만의 3일간의 행적을 더듬는 중요한 자료로서 역할을 해왔다. 그러다 보니 역사가 오도(誤導)될 수밖에 없었다.

이들 자료로는 6·25전쟁 당시 이승만 주변을 맴돌던 인사들의 증언이나, 그들이 쓴 회고록 등이 주류를 이루고 있다.[7] 하지만 이들 증언들의 대부분은 당시의 상황을 전체적으로 조망하지 못한 데다, 사실과 다른 단편적인 오류들이 많이 뒤섞여 있다는 단점이 있다.

특히 이를 담고 있는 증언록들은 오랜 세월이 흐른 뒤에 작성된 탓으로, 기억의 한계 탓인지 내용과 시간이 뒤바뀌었거나 사실이 다르게 잘못 기록된 부분들이 많이 있음을 발견할 수 있다.

그러다 보니 이승만 대통령은 남침 직후 별로 할 일 없이 경무대에 있다가 서울 시민을 버리고 도망간 지도자, 한강교를 폭파한 지도자로 인식하기에 좋은 내용들로 가득 채워져 있다. 이들 자료로는 그렇게밖에 이승만을 평가하지 않을 수 없었다. 이것이 바로 오늘날 우리가 접하고 있는 6·25전쟁 직후 대한민국 대통령, 이승만에 대한 '역사의 나상(裸像)'이다.

그렇다고 자료가 전혀 없던 것도 아니었다. 이제까지 이승만 대통령의 72시간 행적을 더듬어볼 수 있는 자료는 많지 않았지만, 분명히 있었다. 다만 늦게 공개되었거나, 여기저기 파편처럼 산재되어 있었기 때문에 이를 종합적으로 맞추지 못했을 뿐이다.

이들 몇 개 되지 않는 자료로는, 무초(John J. Muccio) 주한 미국대사와 미 국무부 간의 전문자료 21건(6월 25일 오전 10시 ~6월 27일 오전 8시)이 1976년에 발간된 미 국무부의 대외자료(FRUS: Foreign Relations of United States)에 포함되어 있는데, 이는 전쟁 초기 이승만 대통령의 행적을 밝히는 데 매우 귀

전시 미국 장성들이 지켜보는 가운데 다이얼 전화기를 사용하는 이승만 대통령

중한 기초 사료들이다.[8]

또한 전쟁 초기 이승만 대통령과 정부의 동정을 알 수 있는 자료가 1977년 국방부에서 발행한 6·25전쟁사 공간사와 기록물들이 있다.[9] 또 단편적이긴 하나 당시 주미대사관의 한표욱(韓豹頊)[10] 참사관이 1984년에 쓴 회고록 성격의 책인 『한미외교 요람기』가 있는데, 이는 이승만 대통령과 주미대사관의 전화통화기록이 시간과 장소, 그리고 내용까지 비교적 자세히 남아 있어, 당시 이승만의 대미외교(對美外交)의 일면을 파악할 수 있는 귀중한 자료라고 할 수 있다.[11]

이외에도 최근 발간된 남시욱(南時旭) 교수의 『6·25전쟁과 미국: 트루먼·맥아더·애치슨의 역할』(청미디어, 2015)도 이 시기 이승만의 행적을 파악하는 데 유용한 자료라고 할 수 있다.[12]

이 글은 이러한 자료를 바탕으로 남침 직후 이승만의 3일, 즉 72시간의 행적을 고찰하였다. 그렇게 함으로써 남침 직후 이승만의 행적에 대해 과거에 잘못 알려진 것을 바로잡고, 묻혀 있는 것을 새로 발굴하는 '이승만 역사'의 복원 작업에 도움이 되고자 한다.

이를 통해 대한민국 역사에서 이승만이 제대로 된 역사인물로 자리 잡기를 기대해 본다. 나아가 이승만이 미국 명문대학(조지워싱턴·하버드·프린스턴)을 나온 당대의 뛰어난 국제정치학자로서 국제정세를 꿰뚫고 있는 위대한 국가지도자인지, 아닌지를 규명해 보고자 한다.

남침 이후 군과 경찰의 전쟁 상황 보고와 조치

북한군의 남침과 전선 상황
6월 25일 오전 4시~6월 26일 오후 1시(의정부 함락)

김일성과 스탈린이 마오쩌둥과 협의하여 수립한 북한의 남침공격계획의 기본개념은, 전쟁 개시 2일 만에 서울을 신속히 점령하고, 한강 이남을 우회·차단하여 전선에 배치된 국군의 주력을 격멸한 다음, 남한 내 20만 명 이상의 공산당원에 의한 '인민봉기'를 유발하여 1개월 만에 전쟁을 끝낸다는 것이었다.

다시 말해 북한군은 신속히 남해안까지 진출하여 미 본토

증원군의 한반도 상륙을 저지하고, 전쟁을 종결함으로써 8월 15일 광복 5주년 기념일에 서울에서 성대한 행사를 통해 '통일인민정부'를 수립한다는 것이었다.[13]

북한군은 1개월 전쟁을 가능케 할 남침공격계획과 국군에게는 단 한 대도 없는 전차(242대)와 전투기(226대) 등 막강한 전력을 앞세워, 1950년 6월 25일 오전 4시(워싱턴 시각, 6월 24일 오후 3시)를 기해 전 전선에서 공격을 개시했고, 동해안에서는 특수훈련을 받은 게릴라 부대를 강릉 일대와 부산지역으로 기습적으로 상륙시키려고 했다.[14]

하지만 부산으로 상륙하려는 수송선은 우리 해군의 백두산함(白頭山艦)에 의해 격침됐고, 북한군 전차들은 국군장병들의 육탄공격 등의 선전(善戰)으로 곳곳에서 저지됐다.

그렇지만 북한 공군은 달랐다. 북한 전투기(Yak기)들은 전쟁 당일부터 서울 상공을 제집 드나들 듯하며 공격했다. 연습기와 연락기뿐인 우리 공군으로서는 속수무책이었다.

북한 전투기들은 6월 25일 오전 10시부터 김포와 여의도 공군기지에 출현했고, 정오경에는 야크(YAK) 전투기 4대가 서울 상공에 출현하여 용산역과 통신소 등 서울 시내 주요 시설에 기총소사를 하고 폭탄을 투하했다.[15]

또 25일 오후 5시경에는 2대의 야크기가 김포 비행장의 관제탑과 유류저장시설을 공격하여 큰 화재가 났고, 계류장

전시 무초 미국대사(맨 오른쪽)와 이승만 대통령

에 있던 미 공군의 C-54 수송기 1대와 한국 공군의 건국기
(T-6 훈련기) 1대가 손상을 입었다. 이때 다른 야크기 4대는
여의도 비행장을 공격하여 한국 공군 연락기 7대에 손상을
입혔다.

6월 25일 오후 7시경에는 6대의 북한 전투기들이 김포 비
행장을 다시 공격하여 미 공군의 C-54 수송기 1대를 파괴
했다.[16] 다음 날인 6월 26일에는 북한 전투기들이 용산 일대
의 군 시설과 여의도 및 김포 비행장은 물론이고, 대통령이
있는 경무대를 비롯하여 중앙청 일대에 기총소사를 하며, 항
복을 권유하는 전단까지 살포했다.[17]

무초 미국대사도 25일 오후 7시 미 국무장관에게 보낸 전문을 통해, 북한 공군의 위협을 크게 우려하면서 이승만 대통령과 한국 관리들이 미국의 공군 지원을 바라고 있다고 보고했다. 그러면서 무초는 향후 전쟁의 향배가 미국 공군의 지원에 달려 있다고 했다.[18]

6월 26일 오후 1시경(워싱턴 시각, 6월 25일 자정), 북한군은 서울의 관문인 의정부를 함락시키고, 서울 시내에서 불과 8킬로미터 떨어진 창동 선까지 진출하며, 서울 진입을 시도했다. 서울이 적의 야포 사정거리에 들어갔다. 북한군 전차의 시속 약 60킬로미터의 속도를 고려하면, 채 20분도 걸리지 않는 짧은 거리였다. 이때가 26일 야간 상황이었다. 그럼에도 미국과 유엔으로부터는 아직 대한민국을 지원하겠다는 약속이 없었다. 이승만 대통령은 이 위기를 어떻게 극복해 나가려고 했을까?

육군본부 상황실, 채병덕 총장에게 남침 상황 보고
6월 25일 오전 5시

북한군의 기습남침을 받은 육군본부 상황실은 전선의 예하부대로부터 적의 공격 상황을 접수하고, 육군총참모장 채병덕(蔡秉德) 소장에게 이를 보고했다. 채 총장은 지난 토요일 밤 육군회관 낙성식에 참석하고, 이날(6월 25일) 새벽 2시경 총장공관으로 돌아와 취침 중 오전 5시경 당직사령으로부터 상황 보고를 받았다.

그런 뒤에 좀 더 자세한 상황을 알아보기 위해 육군본부 상황장교 김종필(金鍾泌, 국무총리 역임) 중위를 총장공관으로 불러 이를 확인한 다음, "전군에 비상을 발령하고 각 국장을 비상소집하라!"고 명령했다.[19]

채병덕 총장으로부터 비상발령의 명령을 수령한 육군본부 작전교육국은 25일 오전 6시에 〈작전명령 제83호〉(1950년 6월 25일 오전 6시)에 의거 '전군(全軍) 비상령'을 하달하고, 동시에 육군 장병들의 비상소집을 실시했다.[20]

전날 육군회관 낙성식에 참석한 고급장교와 지휘관들은 밤늦은 회식에도 불구하고 비상소집이 발령되자 곧바로 출근하여 전쟁에 임했다. 그중 작전국장 장창국(張昌國) 대령이 며칠 전에 서대문 쪽으로 이사하는 바람에 직통전화가 가설되지 않아 오전 9시쯤 가두방송을 듣고 뒤늦게 들어왔을 뿐이다.[21]

그리고 오후 2시가 넘어서자, 외출·외박했던 장병들의 80~90퍼센트가 부대로 복귀했다.[22]

채병덕 육군총장, 신성모 국방부장관에게 남침 상황 보고
6월 25일 오전 7시

채병덕 총장은 남침 상황을 보고하기 위해 신성모(申性模) 국방부장관에게 전화를 걸었으나 받지 않았다. 그러자, 국방부장관비서인 신동우(申東雨) 중령에게 연락을 취한 다음, 신동우 중령과 함께 지프를 타고 장관공관인 마포장으로 갔다. 자고 있던 신성모 장관은 채병덕 총장의 방문을 받자 가운만 입은 채, 채병덕 총장이 휴대하고 간 상황판을 보고 남침 사실을 보고받았다.

당시 상황에 대해 국방부장관비서였던 신동우 중령은, "장관은 응접실 탁자 위에 지도를 펴놓고, 채병덕 총장으로부터 전방에서 일어난 상황에 대하여 보고를 받았다. 이때 장관의 표정은 자못 놀라고 당황하는 빛이 역력했다. 짐작은 하였겠지만, 북괴(北傀)가 일요일 새벽에 기습하리라고는 전혀 생각하지 못한 것 같았다"고 회고했다.[23] 이때가 오전 7시경이었다.[24] 당시 신성모 국방부장관은 국무총리서리를 겸하고 있었다.

채병덕 총장은 국방부장관에게 보고하고 난 즉시, 육군본부로 들어오자마자 국방부 정훈국장(육군본부 정훈감 겸무) 이선근(李瑄根) 대령을 불러, "전군에 비상을 알리고 신속히 이들의 소집이 실현되도록 모든 방법을 다하라"고 지시했다. 이어 김백일(金白一) 행정참모부장과 협의하여 후방 3개 사단 출동과 수도경비사 예하 3개 연대의 출동대기를 명령했다. 이때가 오전 8시경이었다.[25]

그리고 경기도 수색(현 국방대학교 자리)의 제1사단사령부를 불시방문하고, 이어 의정부의 제7사단사령부를 방문했다. 이때가 오전 10시경이었다. 제7사단 상황을 파악하고 나서야 그는 북한군의 전면남침을 확인했다.[26] 그리고 육군본부로 복귀하여 오후 2시 이승만 대통령이 주재하는 국무회의에 참석했다.

치안국장, 내무부장관에게 남침 상황 보고
6월 25일 오전 5시

이승만 대통령은 북한의 남침 상황을 경찰로부터 먼저 보고받았다. 당시 38도선 일대에는 경찰들도 배치되어 있었다. 6월 25일 오전 4시, 북한이 38도선 일대에 대해 전면남침을 개시하자, 일선 경찰들은 남침 상황을 치안국(治安局) 상황실로 신속히 보고했던 것으로 알려졌다.

이에 장석윤(張錫潤) 치안국장이 백성욱(白性郁) 내무부장관에게 보고한 시간이 6월 25일 오전 5시가 조금 지나서였다.[27] 전쟁 발발 1시간 뒤였다. 거의 육군본부 상황실에 보고된 것과 비슷하다. 채병덕 육군총장도 오전 5시경 보고를 받았다. 군에서는 이보다 조금 늦은 오전 6시에 전군에 비상을 발령했다.

보고를 받은 백성욱 내무부장관은 오전 6시 30분에 전국 경찰에 비상경계령을 내리고 전투태세로 들어가도록 조치했다.[28] 당시의 상황에 대해 백성욱 내무부장관은, "6월 25일 아침에 장석윤 치안국장으로부터 북괴의 전면남침으로 38도선 일대의 지서(支署)와 경찰 초소(哨所)가 유린되었다는 보고를 받고, 비상경계령을 하달하여 군과 협조해서 질서 있는 작전을 수행토록 했다"고 회고했다.[29]

치안국 상황실에서는 북한의 남침 사실을 경무대에 최초로 보고한 것으로 보이나, 정확히 몇 시에 누가 했는지에 대한 기록은 확인되지 않고 있다. 다만 경무대비서인 황규면(黃圭冕)이 집에 있다가 당직비서인 고재봉(高在鳳)으로부터 빨리 들어오라는 전화를 받은 시각이 오전 9시 30분이었다고 한다. 그가 신당동 자택에서 경무대에 서둘러 들어가자, 경무대 분위기는 다소 어수선한 것으로 당시를 회고했다.[30]

황규면 비서의 증언에 의하면, 당시 신성모 장관의 전황 보고와 백성욱 내무부장관의 경찰 보고가 달랐고, 미국대사관과 맥아더의 주일연합군사령부(SCAP)의 보고가 서로 차이가 있어, 어느 것이 정확한 것인지 경무대 비서실에서는 상황을 정확히 분석할 수가 없었다고 했다.[31]

군과 경찰, 이승만 대통령에게 남침 상황 보고

김장흥 경무대경찰서장, 대통령에게 남침 상황 최초 보고
6월 25일 오전 10시

1950년 6월 25일, 이승만 대통령은 여느 일요일과 마찬가지로 아침 식사를 마치고 오전 9시 30분쯤 창덕궁 비원으로 낚시를 하러 갔다.[32] 이승만 대통령은 주말이나 공휴일에는 머리도 식힐 겸 향후 국정구상을 위해 낚시를 다녔다. 그는 복잡한 국사가 있을 때마다 가까운 비원이나 인천으로 낚시를 가곤 했다. 고기를 잡는 것이 아니라 이른바 국정구상을 위한 '업무의 연장'이었다.

이승만 대통령은 오전 10시경 창덕궁 비원의 반도지(半島池)에서 낚시를 하다가 경무대경찰서장[33] 김장흥(金長興) 총경으로부터 '북한의 대거 남침' 상황을 보고받고 경무대로 돌아왔다.[34] 아마도 김장흥 총경은 경찰로부터 들어온 정보를 접수하여 대통령에게 남침 상황을 보고한 것으로 여겨진다.

그런데 공교롭게도 이승만 대통령이 남침을 보고받은 시간과 무초 대사가 전면공격을 알리는 전문을 워싱턴에 보낸 시간은 모두 오전 10시였다. 의정부 전선으로 현장지도를 나갔던 채병덕 육군총장도 의정부 전선을 둘러보고 오전 10시에 북한의 전면공격임을 확인했다.

신성모 국방부장관, 대통령에게 남침 상황 보고
6월 25일 오전 10시 30분

프란체스카(Francesca Donner Rhee)의 증언에 의하면, 오전 10시쯤 신성모 국방부장관(국무총리서리 겸임)이 허겁지겁 경무대로 들어와, "각하께 보고드릴 긴급사항이 있습니다"라고 했다. 두 분이 집무실에 마주앉은 게 오전 10시 30분. 이 자리에서 신성모 국무총리서리 겸 국방부장관은 개성이 오전 9시에, 그러니까 프란체스카 여사가 치과로 떠나던 그 시간에 개성은 이미 함락되었고, 탱크를 앞세운 공산당은 이미 춘천 근교에까지 도달했다고 보고했다. 대통령은 "탱크를 막을 길이 없을 텐데……"라며 입속말을 했고, 얼굴엔 어떤 위험을 느낄 때 나타나는 불안한 빛이 순식간에 스치고 지나갔다.[35]

그럼에도 신성모 국방부장관을 포함하여 경무대에서는 북한의 남침 상황을 대수롭지 않게 여기는 분위기였다. 프란체스카의 증언에 의하면, 당시 경무대 안 분위기는 사태의 심각성을 잘 모르는 것 같았다고 회고했다. 경무대의 비서들은, "그 자식들 장난치다 그만두겠지!"라는 식이었다. 여기에 신성모 국방부장관까지도 대통령에게, "크게 걱정하실 것 없습니다"라는 말을 되풀이했다.[36]

신성모 국방부장관이 이렇게 낙관하는 데에는 나름의 이유가 있었던 것 같다. 그는 대통령을 안심시키려는 측면도 있었지만, 보다 중요한 것은 경무대에 오기 전에, 무초 주한 미국대사를 만나 현재의 상황을 나름대로 파악하고 왔음이 여러 정황으로 볼 때 역력하다.

무초 대사도 이승만 대통령을 만나기 전에 애치슨 국무장관에게 보낸 전문에서 북한군의 전면공격에 대해, "한국군은 북한 침략자를 저지하기 위해 준비된 진지로 투입되었고, 한국 관리와 국군은 침착하고 능숙하게 사태를 잘 처리하고

있다"고 보고했다.[37)]

　이것을 보면 무초 대사는 한국군이 잘 싸우고 있는 것으로 판단하는 것 같은 인상이었다. 그렇기 때문에 신성모 장관은 경무대에 오기 전에 무초가 보는 한국군의 능력을 믿었을 가능성이 크고, 그러한 믿음 하에 대통령에게도 걱정할 것이 없다고 말했을 개연성이 있다.

　하지만 경찰 정보는 신성모 국방부장관의 보고나 무초 대사의 보고와는 달리, "상황이 심각하고 위급하다"는 것이었다. 이에 대통령은 고재봉 비서를 불러 정보 보고를 다시 확인시켰다. 고재봉 비서는, "예상 밖으로 적군의 힘이 강해 위험하다"고 보고했다.[38)] 향후 이 대통령의 발언과 행동으로 미루어 볼 때, 이때쯤 이 대통령은 남침 상황을 북한군의 전면공격으로 인식하고, 이에 대한 조치를 마치 준비된 매뉴얼을 보고 하듯 하나씩 처리해 나가는 인상을 주었다.

　한편 신성모 국방부장관은 채병덕 육군총장으로부터 오전 7시에 보고를 받았는데, 왜 대통령에게는 오전 10시가 넘어서야 보고했을까? 이에 대한 기록이 없으니, 이 문제는 여전히 미스터리로 남아 있다고 할 수 있다. 하지만 당시 상황을 고려하여 다음과 같이 이를 추론해 볼 수 있을 것이다.

　신성모 국방부장관은 오전 7시에 채병덕 육군총장으로부터 남침을 보고받은 후 경무대에 들어간 시간이 오전 10시경이니 약 3시간 정도가 빈다. 그중에서 채병덕 총장에게 보고 받은 시간(30분)과 경무대에 들어갈 준비(30분), 그리고 경무대까지 이동시간(30분)을 고려해도 1시간 30분 정도가 빈다.

신성모 국방부장관은 경무대로 오는 길에 당시 반도호텔(지금의 롯데호텔)의 무초 숙소에 들렀을 가능성이 크다. 신성모 국방부장관은 미 군사고문단으로부터 들어온 상황과 미국의 대책을 알아보기 위해 장관공관과 경무대의 중간에 위치한 반도호텔에 들러 그와 이야기를 나누었을 가능성이 크다. 무초 대사도 경무대를 방문하기 전에 애치슨 국무장관에게 보내는 전문에서 '한국 관리들(Korean officials)'을 만났다고 했는데,[39] 그 관리들 중 한 사람이 신성모 장관일 가능성이 크다. 왜냐하면 그때까지 채병덕 육군총장으로부터 보고를 받은 시간 이후부터 경무대에 오기 전까지 신성모의 동선(動線)이 확인되지 않고 있기 때문이다.

신성모 국방부장관의 정확한 행적에 대해 이제까지 알려진 것은 별로 없다. 그러나 미 군사고문단도 오전 9시에 북한의 전면남침을 확인하고, 무초 대사가 오전 10시에 이를 미 국무장관에게 보고한 점을 고려하면, 신성모 국방부장관은 경무대에 들어가기 전에 미국 측의 정보 즉, 무초 대사가 알고 있는 남침 내용에 대한 미국의 정보를 알아보려고 했을 가능성이 크다. 그리고 이를 확인한 후 경무대로 들어와 대통령에게 보고했을 가능성이 크다.

이를 뒷받침해 줄 수 있는 것이 신성모 국방부장관과 무초 대사와의 친분관계다. 무초와 신성모는 남침 이후 자주 만났다. 25일 야간에 이승만 대통령이 무초 대사에게 경무대로 오라고 전화했을 때도 신성모 국방부장관은 무초 대사와 있다가 함께 경무대로 들어갔고, 27일 아침에도 신성모 장관은 무초 대사를 찾아가 이승만 대통령이 서울을 떠났다고 알려줬다.

그래서인지 이승만 대통령이 대전에 있을 때, 장택상과 신익희가 국방부장관을 이범석(李範奭)으로 바꾸라고 건의하자, 옆에 있던 무초 대사가 나서며, "지금 국방부장관을 바꾸면 큰 혼란이 일어난다"며 적극 반대하고 나섰다.[40] 그런 점으로 볼 때 남침 직후 신성모 장관은 무초 대사에게 여러 가지 면에서 의지했을 개연성이 있고, 무초 대사는 언어 소통이 쉽고 붙임성 있게 대하는 신성모 장관이 그렇게 싫지는 않았을 것으로 여겨진다.

전쟁 지도자로서 이승만 대통령의 조치와 활동

국무회의 소집, 무초 대사 연락, 손원일 제독 귀국 지시

남침을 보고받은 후

이승만 대통령은 신성모 국무총리서리 겸 국방부장관으로부터 전황을 보고받은 다음, 국무회의 소집을 지시했다.[41] 황규면 비서는 당시를 회고하며, 이승만 대통령은 신성모 장관의 미지근한 전황 보고와 대책에 화가 나자 이범석 전 총리와 허정(許政) 전 장관을 경무대에 들어오라고 했고, 이어 자신을 불러 "장관들에게 연락하여 빨리 경무대에 모이도록 하라"고 지시했다.[42]

그런 후 이승만 대통령은 무초 대사로 하여금 경무대로 들어오도록 연락을 취했다. 그러나 무초 대사에 대해서는 누가 연락을 했는지에 대한 기록은 없다. 무초 대사는 애치슨 국무장관에게 보낸 전문에서 대통령과의 '약속에 따라(by appointment)' 경무대를 방문했다고 했다. 실제로 무초 대사는 경무대에 들어와 오전 11시 35분에 이승만 대통령을 예방하고, 전쟁 상황을 논의했다.[43]

또한 이승만 대통령은 호놀룰루 총영사인 김용식(金溶植)에게, "미 본토에서 군함(patrol craft)을 구입해 하와이에 머물고 있는 손원일(孫元一) 해군총장에게 하와이에 체류하고 있는 군함 3척을 이끌고 빨리 귀국하라"고 지시했다.[44]

손원일 해군총장은 미국에서 전투함을 구입하기 위해 해군장병과 국민이 정성껏 모은 '방위성금' 1만 5,000달러와 이승만 대통령이 하사하신 4만 5,000달러를 가지고 미국에서 전투함을 구입한 후 귀국하던 중이었다.[45]

이러한 내용을 잘 알고 있던 이승만 대통령은 남침 보고를 받자마자, 당장 군함이 필요할 것을 생각하고 하와이에 1주일간 머무를 예정이던 군함을 빨리 출발시키라고 했던 것이다. 이때 호놀룰루에 있던 손원일 제독은, "군함과 함께 해로로 귀국하라!"는 훈령을 받고 무기를 장착해 귀국길에 올랐다.[46]

전선을 방문한 이승만 대통령, 손원일 국방장관(오른쪽), 테일러 미8군사령관(중앙)

그렇게 해서 7월 16일 진해항에 도착할 수 있었다. 이들 군함들은 대한해협 해전과 통영상륙작전, 그리고 인천상륙작전에 참가해 한국 해군의 위신을 살렸다.

한편 오전 11시에 개최된 국무회의는 신성모 국무총리서리가 주재했다. 국무회의 참석자는 임병직(林炳稷) 외무부장

관, 백성욱 내무부장관, 김유택(金裕澤) 재무부차관(최순주崔
淳周 재무부장관 출장), 이우익(李愚益) 법무부장관, 백낙준(白樂
濬) 문교부장관, 윤영선(尹永善) 농림부장관, 이병호(李丙虎)
상공부차관(김훈金勳 상공부장관 출장), 구영숙(具永淑) 보건부
장관, 이윤영(李允榮) 사회부장관, 김석관(金錫寬) 교통부장
관, 장기영(張基榮) 체신부장관이었다.[47]

이 회의에서는 특별한 대책을 마련하지 못하고 낮 12시에
산회했다.[48] 다음 국무회의는 대통령 주재로 경무대에서 오
후 2시에 다시 개최됐다.

무초 대사와의 회담을 위한 준비
신성모로부터 남침 보고받은 후

신성모 국무총리서리에 의해 경무대에서 국무회의가 열
릴 때, 이승만 대통령은 무초 대사와의 회동을 위한 구상을
했던 것으로 파악된다. 이승만 대통령이 남침 보고를 받은
후 오전 11시 35분에 있을 무초 대사와의 회동을 앞두고 남
은 시간은 고작해야 30분 남짓한 시간이었다.

이승만 대통령은 그 짧은 틈을 이용해, 앞으로 어떻게 대
처해 나갈 것인지에 대한 방안을 구상했다. 이승만의 구상은

무초와의 회담을 통해 밝혀졌고, 이는 향후 이승만이 수행할 전쟁 지도의 틀 내지는 전쟁 수행방식으로 나타났다.

이승만은 무초와의 회담을 앞둔 그 짧은 시간에 향후 대한민국 정부가 지향해야 될 전쟁 지도원칙을 세웠던 것이다. 아울러 지금 당장 전쟁에 필요한 시급하면서도 지속적으로 추진해야 될 내용도 함께 구상했다. 이승만은 이를 위해 메모를 작성하여 무초와의 회담에 임했던 것 같다. 이승만의 능력이 발휘되는 순간이다. 어떤 참모의 조언도 없이 전쟁을 수행해나갈 구상을 스스로 했던 지도자였다.

이때 이승만 대통령이 정리했던 내용은, 회담 후 국무회의를 개최하고, 서울에 계엄령(martial law)을 선포하고, 전쟁 상황을 국민에게 알리고, 국군에게 부족한 탄약과 무기를 요청하고, 필요할 경우 모든 국민이 참여하는 총력전을 전개하고, 전쟁 목표로 한반도 문제를 해결할 통일까지를 생각하고 있었다.

이른바 이승만 대통령은 무초 대사와의 회동을 통해 한국 정부가 하고 있는 일과 앞으로 해야 될 일을 알려주고, 필요한 군사 지원 등을 미국에 요청하기 위해 마련한 자리였다.

주한미국대사 무초와의 회담과 성과
1950년 6월 25일 오전 11시 35분

이승만 대통령은 경무대에서 무초 미국대사의 방문을 받았다. 그때가 북한의 남침으로부터 약 7시간이 지난 뒤인 1950년 6월 25일 오전 11시 35분경이었다. 무초는 이승만과의 회담 결과를 이날 오후 2시에 애치슨 국무장관에게 전문으로 보고했다. 하지만 회담을 언제 끝냈는지에 대해서는 밝히지 않았다. 회담 내용을 정리하고, 경무대에서 미국대사관으로 복귀하는 시간 등을 고려하면 대략 30분에서 1시간 정도 회담을 했을 것으로 짐작된다.

그런데 무초 대사는 경무대를 방문하기 전에 미 군사고문단(KMAG)과 한국 관리들을 만나 상황에 대해 협의하고 난 후, 오전 10시에 미 국무장관에게, "공격의 성격과 시작된 방식으로 보아 '대한민국에 대한 전면공격(all out offensive against ROK)'으로 판단된다"는 전문을 이미 보낸 다음이었다.[49]

경무대에서 이승만 대통령과 무초 대사의 대화는 대체로 두 가지로 대별된다. 무초를 통해 미국의 지원을 요청하는 것과 대통령 자신과 한국정부가 앞으로 해야 될 일을 밝히는 것이었다. 이를 정리하면 다음과 같다.

첫째, 이승만 대통령은 본인이 주재하는 국무회의를 무초

한국 여학생으로부터 화환을 받고 있는 무초 대사

대사와의 회동 후, 언제 끝날지 모르지만, 일단 오후 2시에 하기로 마음먹고 있었다.[50] 실제로 이승만 대통령은 본인이 주재하는 국무회의를 오후 2시에 정확히 개최했다.[51]

둘째, 이승만 대통령은 국군에게 '더 많은 무기와 탄약(more arms and ammunitions)'이 필요한데, 그중에서 소총이 더 필요하다면서 미국의 신속한 지원을 요청했다.[52] 이에 따라 무초 대사는 이승만 대통령과의 회담이 끝난 후인 오후 3시에 국무장관에게 보낸 전문에서, 미 군사고문단은 도쿄의 맥아더 연합군사령관에게, "한국군을 위한 특정 탄약 10일분을 즉시 부산으로 보내 달라(to ship ten day supply of certain

전선 부대를 방문하고 있는 이승만 대통령과 테일러 미8군사령관(오른쪽 두 번째)

items of ammunition at once Busan for Korean Army)"는 전문을 보냈다.[53)

　이때 무초 대사는 긴급 탄약 지원과 함께 105밀리 곡사포 90문, 60밀리 박격포 700문, 카빈소총 4만 정을 요청했다.[54)
이승만 대통령은 국군에게 무엇이 부족하다는 것을 잘 알고 있었다. 이후에도 이승만 대통령은 무초 대사나 맥아더 장군 그리고 미8군사령관을 통해 이를 해결했다. 이승만 대통령의 이런 행보는 전쟁 기간 내내 지속됐다.

　셋째, 이승만 대통령은 서울에 계엄령 선포를 고려하고 있고, 국민에게 사실(남침 상황)을 알려야 한다고 판단했다.[55)

이승만 대통령은 전쟁 당일 계엄령을 선포하지 않았다. 하지만 전쟁 수행에 필요한 긴급조치들을 실시했다. 이승만 대통령은 일의 효율성을 따져 전시 국정을 처리했다. 당시 정부 각 부처별로 전시에 필요한 긴급조치들을 실시하고 있었기 때문에 군에게 부담을 주게 될 계엄령은 미군이 참전한 후에 실시했다. 이것은 이승만 대통령이 일의 완급(緩急)과 일의 중요성을 정확히 알고 있었기 때문에 가능한 일이었다.

계엄령을 선포하면 육군본부와 육군총장이 주체가 되어 계엄업무를 시행하게 된다. 이를 위해서는 많은 인력과 노력이 따라야 한다. 그런데 당시 전선의 급박한 상황에서, 그리고 전쟁을 수행하기에도 벅찬 군의 입장에서 계엄령 선포에 따른 계엄업무는 전쟁에 아무런 도움이 되지 않았을 것으로 판단했다. 이승만 대통령은 그것을 이미 알고 있었던 것처럼 행동했다.

실제로 1950년 7월 8일 계엄령이 선포되자, 7월 9일 육군본부는 계엄사령부를 설치하고, 그 예하부서로 민사부(民事部)를 설치했다. 이에 따라 헌병과 방첩대, 범죄수사대를 계엄사령부에 배속시켰고, 육군의 각 사단과 해군의 진해 통제부사령부에 민사과(民事課)를 두어 계엄업무를 수행했다.[56] 그만큼 계엄업무에는 많은 인원과 노력, 그리고 시간이 필요한 일이었다.

특히 이승만 대통령은 전쟁에 대한 사실과 이와 관련된 진행사실을 국민에게 알릴 필요가 있다고 판단하고 있었다.[57] 이에 남침 이후 정부에서는 국민에게 전황을 보도할 수 있도록 관심을 기울였다. 그 예로, 전쟁 당일 오전 7시에 국방부 정훈국 보도과장이 중앙방송(KBS)을 통해 북한의 남침을 보도했고, 낮 12시에 국방부 담화를 발표했다. 다음 날인 26일 오전 6시에는 무초 대사가 방송을 한 데 이어, 오전 8시에는 신성모 국방부장관이 방송을 했다.

이들 방송은 대부분 "북한이 남침을 했는데, 우리 국군이 선전하고 있다"는 요지의 내용이었다. 그리고 그 와중에 '국군 제17연대 해주 돌입' 오보 방송과 '국군 의정부 탈환 북진 중'이라는 방송을 하게 됐다. 그러다 27일 오전 6시에는 '정부 수원 이동'을 발표했다가 시민들이 당황하자, 이후 다시 '서울 사수' 방송을 하게 됐다.[58]

이승만 대통령도 전황을 국민에게 알려야 한다는 신념 하에, 미국의 지원 사실을 충남 대전에서 알게 되자 곧바로 녹음방송을 통해 27일 오후 10시부터 오후 11시까지 세 차례에 걸쳐, 국민에게 "미국의 지원이 있으니 안심하라"는 요지의 라디오방송을 하게 됐다.[59]

이때 이승만 대통령은 "유엔에서 우리를 도와 싸우기로 작정하고, 이 침략을 물리치기 위하여 공중 수송으로 군기

(軍器)와 물자를 날라 와서 우리를 도우니까, 국민은 좀 고생이 되더라도 굳게 참고 있으면, 적을 물리칠 수 있을 것이니 안심하라"고 방송했다.[60]

그러나 그때의 상황은 서울이 함락되기 직전으로 현실과 맞지 않았고, 그로부터 얼마 후 한강교가 폭파됨으로써 이승만 대통령에 대한 비난은 극치를 이루게 됐다. 하지만 이승만의 이런 행위는 국민을 기만하기 위한 것이 아니라 국민에게 희망을 줄 수 있는 내용을 빨리 알려주어야겠다는 국민을 위한 마음에서 우러나온 것이었다. 태평양전쟁 때도 이승만은 동포들에게 희망을 심어주기 위해 '미국의 소리(VOA)' 단파방송을 통해 전황을 알려 희망을 줬던 적이 있다.[61]

넷째. 이승만 대통령은 국가가 어려울 때 전 국민이 나와 싸운다는 총력전을 피력했다. 즉 필요하다면 모든 남녀와 어린이까지 막대기와 돌맹이라도 가지고 나와서 싸우라고 호소하겠다고 했다.[62] 이승만 대통령은 이때부터 이미 총력전을 구상하고 있었다. 실제로 전쟁 기간 우리는 군과 경찰뿐만 아니라 여군, 학도의용군, 대한청년단, 청년방위대, 소년병, 유격대, 노무자 등 전 국민이 북한 공산주의와 맞서 싸웠다. 특히 대한민국이 가장 위기를 맞은 낙동강 전선에서 더욱 그랬다.

다섯째, 이승만 대통령은 "그동안 한국은 제1차 세계대전의 배경이 됐던 제2의 사라예보(Sarajevo)가 되지 않도록 노력해 왔다"고 말하면서, 이 위기를 이용하여 절호의 기회가 될 '한국의 통일 문제'를 해결해야 한다는 입장을 밝혔다. 다시 말해서 이승만은 이때 이미 통일이라는 확고한 전쟁 목표를 세우고 있었다.

이승만 대통령은 지금의 위기가 한반도 문제를 항구적으로 해결할 수 있는 '절호의 기회(best opportunity)'가 될 것으로 여겼다.[63] 전쟁이 어찌 될지 모르는 상황에서 그는 한반도의 통일을 염두에 두고 있었다.

이승만 대통령의 그런 신념과 목표는 전쟁 초기 상황이 불리한 시점부터 시작하여 전쟁 기간 내내 이어지면서, 38도선 무용론, 38도선 돌파명령, 국군 단독의 북진통일을 외치며 한국을 도와주고 있는 미국을 압박했다. 이는 향후 이승만 대통령의 전쟁 목표인 북진통일로 이어졌다.

이때 이승만 대통령은 전쟁을 가볍게 본 것이 아니라 "이미 38도선을 김일성이 먼저 파기했으니, 이참에 통일을 해야 한다"는 생각을 가졌던 것이다. 그 출발점이 바로 전쟁 당일이었다.

회동이 끝날 무렵 무초 대사는 이승만 대통령에게, "언제든지 불러 달라(available all day)"고 말했다.[64] 이에 따라 이승만 대통령은 그날 저녁 10시에 무초 대사를 경무대로 다시

불러 회동을 가졌고, 다음 날 새벽 4시에는 전화를 걸어 미국의 지원을 촉구했다.[65]

주미한국대사관에 전화(국무회의 직전)
6월 25일 오후 1시경(미국 시각, 6월 24일 저녁 12시경)

이승만 대통령은 무초 대사와 회담을 마치고 나서 곧바로 국제전화로 주미한국대사관에 전화를 걸었다. 그때가 6월 25일, 오후 1시쯤(워싱턴 시각, 6월 24일 저녁 12시)이었다. 그렇게 보면 무초 대사와의 회담은 약 오후 1시경에 끝났을 가능성이 크다. 1시간 30분 정도의 회담이었다. 무초 대사의 전문 내용으로 볼 때 그 정도의 회담시간이었다.

전화는 대사관의 한표욱 참사관이 받았다. 한표욱의 회고에 의하면, 당시 수화기를 통해 들려오는 이승만 대통령의 목소리에 시끄러운 목소리가 섞여 함께 들려왔다고 했다. 전화를 받은 한표욱 참사관은 전화기를 통해 들려오는 소리로 보아 경무대에서 국무회의가 열리는 것으로 알았다고 했다. 사실 그때는 경무대에서 긴급 국무회의가 열리기 전이었다. 이승만 대통령은 무초와의 회동이 끝나고 국무회의가 열리기 전에, 미국의 지원을 위해 주미대사관에 급히 전화를 걸었던 것이다.

이승만 대통령은 가라앉은 목소리로 한표욱 참사관에게, "필립(Philip, 한표욱 참사관의 별칭), 어떠냐. 저놈들이 쳐들어왔어. 우리 국군은 용맹스럽게 싸우고 있다. 그러나 우리의 힘으로 격퇴할 수 있을지 걱정이다. 우리는 끝까지 싸울 결심과 각오를 가지고 있다. 어떻게 하든 미국의 원조가 시급히 도착하도록 노력해야겠다. 장(張) 대사 있느냐?"고 했다.[66]

장면(張勉) 주미대사가 전화를 받자, 이승만 대통령은 한표욱 참사관에게 했던 것과 같은 요지의 지시를 다시 했다. 그리고서 이승만은 통화 말미에, "정일권(丁一權) 장군과 손원일 제독에게 빨리 귀국하도록 하라고 그래"라고 당부했다.[67]

그때 정일권 장군과 손원일 제독은 귀국하기 위해 하와이에 머물고 있었다. 이를 통보받은 정일권 준장은 6월 30일 일본을 거쳐 귀국해 육해공군총사령관 겸 육군총참모장에 임명됐고, 손원일 제독은 미국에서 구입한 구축함 3척을 인수하여 7월 중순에 귀국했다.

이승만 대통령의 지시를 받은 장면 대사는 25일 오후 3시 (워싱턴 시각 25일 새벽 1시)에 미 국무부를 방문하고 한국의 지원을 요청했다. 이때 미국은 "이 문제를 유엔에 제기하기 위해 안전보장이사회 소집을 요구했다"고 알려줬다.[6)

경무대에서 첫 비상 국무회의 주재
6월 25일 오후 2시~오후 3시 30분

이승만 대통령은 장면 대사와 통화를 끝낸 후인 오후 2시에 경무대에서 비상국무회의를 주재했다. 이날 비상국무회의는 오후 3시 30분에 산회했다.

국무회의가 시작되자, 먼저 의정부 전선의 전황을 살피고 돌아온 채병덕 총장이 전황을 보고했다. 채병덕 총장은, "38도선 전역에 걸쳐 4~5만 명의 북괴군(北傀軍)이 94대의 전차를 앞세우고 불법남침을 개시하였으나,[69] 각 지구의 국군부대는 적 전차를 격퇴하면서 적절하게 작전을 전개 중에 있다. 이러한 북괴의 침공은 그간에 그들이 벌여온 위장평화공세가 별다른 반응이 없으므로 조급하게 자행한 그들의 상투적인 수단으로 보이며, 후방사단을 출동시켜 반격을 감행하면 능히 격퇴할 수 있을 것으로 본다"고 보고했다.[70]

채병덕 총장이 이렇게 보고한 데에는 오후 1시 35분에 평양의 라디오방송을 통해 발표된 김일성의 연설을 고려한 듯하다. 김일성은 "지금까지 남한은 평화통일을 위한 우리의 모든 제안을 거부해 왔으며, 옹진반도 해주의 북한군을 공격해 왔으므로, 그 결과 반격하게 됐다"며 그들의 남침의도를 은폐했다.[71] 이 문맥을 보면 김일성은 그들의 위장평화공세

가 남한에 먹혀들지 않아 전쟁을 한 것처럼 위장하고 있음을 알 수 있다.[72]

채병덕 총장의 보고에 대해 국무회의에 참석했던 백낙준 문교부장관과 민복기 경무대비서는 후일 다른 증언을 하고 있다. 즉 두 사람은 당시 채병덕 총장이, "적의 남침은 전면 남침이 아니라 공비 두목 이주하(李舟河)와 김삼룡(金三龍)을 탈취하기 위한 책략 같으며, 곧 남쪽 사단을 집중하여 적을 공격할 것이다"라고 보고하였다며 상반된 주장을 하고 있다.

남침 직후 3일간 신성모 국방부장관과 채병덕 육군총장이 행한 발언과 참석자들의 증언과는 매번 상당한 차이가 있다. 따라서 앞으로 이에 대한 연구가 필요하며, 이의 진위 여부에 따라 6·25전쟁에 대한 연구와 평가도 달라질 것으로 보인다.

보고가 끝난 후, 이승만 대통령은 〈비상사태하의 법령공포의 특례에 관한 건〉(대통령령 제377호)을 공포하여 라디오·신문, 기타 적당한 방법으로 법령을 공포할 수 있도록 조치했다. 그리고 〈비상사태하의 범죄처단에 관한 특별조치령〉(긴급명령 제1호)을 하달하여 반민족적이고 비인도적인 범죄자를 엄중히 처단키로 하였다.[73]

또한 적기의 공습에 대비하여 〈치안명령 제26호〉를 각 시도에 긴급 하달하여 통행금지시간 연장과 등화관제를 실시하도록 하고, 주요기관과 산업시설 경비를 강화하도록 했다.[74] 또 정부에서는 치안안정을 위해 각종 범죄를 자행할 경우 사형에서 20년 이상의 유기징역에 처한다는 발표를 했고,[75] 교통부에서는 전시 철도의 운행을 총괄하기 위해 전시수송본부를 설치하여 국방부와 중앙청에 연락관을 파견하고, 군의 수송요청에 즉각 대응하도록 했다.[76]

한국은행은 예금인출을 1인당 10만 원으로 제한했고,[77] 사회부는 서울시에 지시해 피란민수용소를 6곳에 설치하도록 했으며, 보건부는 서울 시내 개업의와 간호사들에게 비상대기명령을 내렸다.[78]

그런데 여기서 특기할 점은, 왜 헌법 제57조에 나와 있는 대통령의 긴급명령권을 발동하면서도 헌법 제64조에 나와 있는 계엄령을 선포하지 않고 있다가, 1950년 7월 8일에서야 뒤늦게 계엄령을 선포했는가 하는 점이다. 계엄법 제1조와 제4조에 의하면 대통령은 전쟁 또는 전쟁에 준한 사변에 있어서는 비상계엄령을 선포하여야 한다고 되어 있다.[79]

여기에 대한 이승만 대통령과 정부의 공식기록은 남아 있지 않다. 그런데 이때 이승만 대통령이 비상계엄령을 선포하지 않은 이유는 다음과 같이 추론할 수 있다. 비상계엄령을 선포하면 육군참모총장이 비상계엄사령관이 되고, 육군본부가 계엄령 실시의 주체로 비상계엄사령부를 운영해야 된다.

그런데 당시 채병덕 총장이나 육군본부의 능력으로는 전쟁을 수행하기에도 어려운 상황에서, 비상계엄령에 따른 편성이나 운영에는 무리가 있다고 판단했던 것으로 여겨진다.

이 대통령 요청에 따라,
미 극동군사령부 막대한 양의 탄약 요청
6월 25일 오후 3시

이승만 대통령과 회담 후 무초 대사는 6월 25일 오후 3시에 애치슨 국무장관에게 다시 전문을 보냈다. 내용은 미 극동군사령관(CINCFE)에게 긴급전문을 보내서 한국군을 위한 특정 탄약 10일분을 즉시 부산으로 보내달라고 요청했다는 내용이다.[80]

무초 대사와의 회담에서 이승만 대통령은 "한국군이 가지고 있는 '탄약은 10일 이내에 떨어질 것(would be out of ammunition within ten days)'"이라고 말했다.[81] 무초는 이 말을 귀담아들었다가 미 극동군사령부에 요청했다.

무초 대사는 한국군이 탄약을 조기에 수령하지 못하면, 현재 수준의 전투가 계속될 경우 한국군의 얼마 안 되는 탄약은 10일 안에 소모될 것이라고 했다. 따라서 용감한 한국

부산 경무대에서 이승만 대통령 내외와 리지웨이 유엔군 사령관(맨 오른쪽)

군이 탄약 부족으로 붕괴되면 미국에 큰 재난이 될 것으로 생각된다고 했다.[82)]

실제로 무초 대사는 이승만 대통령과 회담 후 미 군사고문단의 우드(Walter G. Wood, Jr) 중령에게 지시하여 미 극동군사령부에 105밀리 포탄을 비롯한 박격포탄, 그리고 소총실탄을 긴급 요청하도록 했다. 이에 따라 그날 즉시 맥아더 장군은 워커(Walton H. Walker) 장군에게 요코하마에 있던 군 수송선인 키드레이(Keathley)호에 105밀리 포탄 10만 5,000발, 81밀리 박격포탄 26만 5,000발, 60밀리 박격포탄 8만 9,000발, 소총실탄 248만 발을 적재하여 7월 1일까지 부산항에 도착하도록 지시했다. 이들 탄약은 1950년 7월 이후, 국군이 지연작전을 수행하는 데 매우 긴요하게 사용됐다.

미 극동군사령부에 F-51 전투기 요청
1950년 6월 25일 오후

6·25전쟁 이전 미국은 이승만 대통령과 정부의 요청에도 불구하고 여러 가지 이유를 들먹이며 전투기를 제공하지 않았다. 특히 전투기는 공격용 무기라며 지원하지 않았다. 그런데 남침 다음 날 미국은 한국 공군에 10대의 F-51 전투기 지원을 약속했다.

그리고 한국 공군의 조종사 10명을 일본의 미군기지로 데려가 훈련시킨 다음, 7월 2일 F-51 전투기 10대와 함께 한국으로 보내 공중작전에 투입시켰다.

그러면 어떻게 해서 미국은 한국에 전투기를 지원하게 됐을까? 전쟁이 일어났기 때문에? 단순히 그것만은 아니었다. 이승만 대통령의 강력한 요구가 있었기 때문에 가능했다. 이승만의 노력으로 대한민국 공군은 전쟁 초기 F-51 전투기 10대를 미군으로부터 인수받아 실전에 운용하게 됐다.

이러한 내용은 무초 대사의 전문과 국방부 및 공군본부에서 발행한『6·25전쟁』에서 확인할 수 있다.

먼저 무초 대사는 전쟁 당일인 이날 오후 7시에 미 국무장관에게 보낸 전문에서, 이승만 대통령이 미국의 공군 지원을 바라고 있다는 요지의 내용을 보고했다.[84]

둘째, 국방부에서 1977년에 편찬한『한국전쟁사: 북괴의 남침과 서전기』제1권(개정판)에 의하면, 6월 25일 오후에 김정렬 공군참모총장은 전황이 위급하게 돌아가자 신성모 국방부장관에게, "전차를 파괴할 수 있는 가장 빠른 방법은 미군으로부터 전투기를 지원받는 것입니다"라고 보고했다. 이에 신성모 국방부장관은 즉시 이승만 대통령에게 전황이 위급하다는 사실과 함께 전투기의 지원을 건의했다.[85]

셋째, 공군본부에서 2002년에 발행한『6·25전쟁 항공전사』를 보면, 이승만 대통령이 김정렬 총장의 보고를 받고, 무초 대사를 통해 미 극동군사령부에 전투기를 요청하자, 이를 수락하고 6월 26일 오전에 전투기 지원에 대한 협의를 하기 위해 미 극동군사령부에서 담당 참모가 수원 기지에 도착했다고 기록하고 있다.[86]

넷째, 1951년 국방부에서 발행한『한국전란1년지』에는 맥아더 원수가 6월 26일에, "한국에 무스탕(F-51) 전투기 10대의 인도(引導)를 발표했다"고 기록하고 있다.[87]

미 극동군사령부에서 온 미군 참모는 김정렬 공군총장에

일본 하네다 공군기지에서 이승만 대통령과 맥아더 장군

게, "한국 공군 조종사 가운데 F-51 전투기를 훈련 없이 전투할 수 있는 조종사가 몇 명이 되느냐?"고 질문했다. 이에 김 총장은 여러 가지를 고려한 후, "10명이 가능하다"고 했다. 그러자 미군 참모가 즉석에서, "그러면 10대를 지원해 줄 테니 10명을 수원 기지에 대기해 달라. 그러면 일본으로 가서 수송기를 보내겠다"고 했다.[88]

김정렬 총장은 여의도 기지로 돌아와 비행단장 이근석(李根晳, 전사, 공군준장 추서) 대령과 이에 대해 협의한 후, 비행경험이 많고 T-6 훈련기를 타던 이근석 단장을 비롯하여 김영환(金英煥, 공군준장 추서) 중령, 장성환(張盛煥, 공군총장 역임) 중령, 김신(金信, 공군총장 역임) 대위, 박희동(朴熙東) 대위, 강호륜(姜鎬倫) 대위, 장동출(張東出) 중위, 정영진(丁永鎭) 중위, 김성룡(金成龍, 공군총장 역임) 중위, 이상수(李相垂) 중위 등 10명을 선발했다.[89]

이들 10명의 조종사는 26일 오후 7시에 수원 기지에서 미 C-47 수송기에 탑승하여 오후 9시에 일본 규슈(九州)의 이타즈케(板付, 현재 후쿠오카 공항) 미군기지에 도착했다. 이들은 이곳에서 F-51 전투기 비행훈련을 받았으나 날씨가 좋지 않아 개인당 30~60분 정도의 훈련만 받았다.

그리고 조국의 전선 상황이 어렵다는 것을 알고 7월 2일 오전에 F-51 전투기 10대를 각각 비행하여 대구 비행장으로 돌아왔다. 이때 비행단장 이근석 대령은 "전황이 불리한 이때 우리가 전투기를 가지고 하루빨리 귀국하여 적을 공격하여야겠다. 우리가 좋은 전투기를 가지고 이곳에서 훈련만 받고 있으면 뭐하겠느냐?"라며 미군기지사령관에게 귀국을 요청함에 따라 이루어졌다.[90]

이때 우리 공군에서는 F-51 전투기를 정비할 수 있는 수준이 못되었으므로 미 극동공군사령부에서는 딘 헤스(Dean E. Hess, 공군대령 예편) 소령을 비롯한 조종사 4명과 정비사 10여 명을 함께 보냈다.[91] '한국 고아들의 아버지'로 유명한

대구 제2군 창설 기념식에서 이승만 대통령 내외와 최영희 군사령관(맨 오른쪽)

전송가(戰頌歌, Battle Hymn)의 주인공 딘 헤스 소령은 남침 후 한국에 온 최초의 미군 조종사이자 한국 공군의 고문관 역할을 했다.[92]

한국 공군 조종사들이 조종하는 F-51 전투기들은 대구 비행장에 도착한 다음 날인 7월 3일부터 안양-시흥 지역에 대한 공중 지원임무를 수행하게 됐다.[93]

무초 대사에게 전화 및 2차 회동
6월 25일 오후 10시~미정

이승만은 6월 25일 오후 10시에 무초 대사에게 전화를 걸어 경무대에 들어오라고 했다. 이때 무초 대사는 미국대사관에 와 있던 신성모 국무총리서리 겸 국방부장관과 함께 들어갔는데, 들어가 보니 경무대에는 이범석 전 국무총리가 있어 자리를 함께했다.[94]

이른바 이승만·신성모·이범석·무초의 4자회담이 열린 것이다. 하지만 발언은 주로 이승만 대통령과 무초 대사가 했다. 무초 대사는 그날 밤에 있었던 이승만 대통령과의 회담 결과를 6월 25일 저녁 12시에 미 국무장관에게 전문으로 보고했다.

이승만 대통령은 왜, 이때 무초 대사에게 직접 전화를 걸어 경무대로 오라고 했을까? 이것이 이승만 대통령 특유의 압박 외교술인 '밀고 당기는 전법'이라는 것을 간파할 수 있다. 이승만 대통령은 전쟁이 일어났는데도 워싱턴에서 아무런 반응이 없자, 이른바 '충격요법'을 쓴 것이다. 마음에도 없는 서울 천도를 내비친 것이다. 미국이 과연 한국을 도울 마음이 있는지, 도우려면 빨리 도우라는 메시지가 담긴 고도의 '이승만식 압박 전술'이었다.

이승만 대통령은 전쟁 기간 또는 재임 기간 내내, 미국을 상대로 이러한 압박 전술 내지는 '벼랑 끝 전술'을 자주 상용했다. 겉으로는 무모하게 보이지만 내심으로는 고도의 정치적 계산이 깔린 전략이었다.

이날 이승만 대통령이 무초를 불러 '서울 천도'를 내세웠던 데에는 나름의 이유가 있다. 당시 전황이 밀리고 있기는 했지만, 정부를 옮길 정도로 급박하지는 않았다. 그런데도 이승만 대통령은 무초 대사와의 회담 서두에, "내각(Cabinet)은 오늘 밤 정부를 대전으로 옮기기로 결정했다"고 하면서, "그것이 개인적인 안전을 위해서가 아니라 정부가 계속되어야 한다는 것, 그리고 자신이 공산주의자들에게 넘어가면 나라의 장래에 큰 타격이 되기 때문에 내린 결정"이라고 되풀이 말했다.[95] 무초는 이를 애치슨 국무장관에게 급히 타전했다.

이승만 대통령의 전략에 무초 대사가 넘어간 것을 알 수 있다. 무초 대사는 그런 이승만 대통령에게, "정부가 서울에 머물러 있어야 한다"고 설득했고, "그래야만 무기와 군대를 얻을 수 있고, 바주카포와 대전차포·지뢰 같은 것으로 탱크를 저지해야 한다"며 나름 설득을 했다.[96]

또 무초 대사는 "정부가 서울을 떠나면 전투는 대부분 패배할 것이고, 한국의 상황이 와해되면 다시 통합하기가 불가능할 것"이라고 했다.[97] 이때 이승만 대통령은 동석했던 신성모 국무총리서리에게조차 이를 귀띔해 주지 않았다. 이승만 대통령은 적을 속이려거든 아군부터 속이라는 말을 적용한 셈이다.

실제로 신성모 국무총리서리는 이승만 대통령의 서울 천도에 얼마나 놀랐던지 경무대 밖으로 무초 대사를 끌고 나간 다음, "서울 천도는 대통령이 자기와 협의하지 않고 정부를 이전하기로 결정했던 것"이라며 퉁명스럽게 말했다.[98]

이승만 대통령의 전략은 예상대로 맞아떨어졌다. 이는 미국이 이제까지 한국 지원에 대한 공식적인 입장을 표명하지 않자 이를 압박하기 위한 이승만 특유의 심리전략(心理戰略)이었다. 실제로 이승만 대통령은 6월 25일 밤 서울을 떠나지 않았다. 미국이 어떻게 나오는가를 떠보기 위한 이승만 특유의 행동이라는 것을 알 수 있는 대목이다.

이에 대해 육군사관학교의 온창일(溫暢一) 교수는, "당시 이승만 대통령의 이런 발언은 '서울 천도'를 내세워 미국의 신속하고도 적극적인 지원을 얻기 위한 외교적 제스처로 여겨진다"고 평가하고 있다.[99] 이승만 대통령은 무초 대사와의 대화 중간에 갑자기 박흥식(朴興植, 화신산업 소유주)의 이야기를 꺼내 들었다. 이승만 대통령은 무초 대사에게 "한국이 미국으로부터 많은 지원을 기대할 수 없다"고 하면서, "우리는 무기구입에 1,000만 달러 정도면 도움이 되리라고 생각했고, 부유한 박흥식이 무기구입비로 100만 달러를 내겠다고 제의했지만 이제는 너무 늦었다"고 했다.[100] 이승만은 미국의 더딘 군사지원을 이처럼 우회적으로 말했다. 이를 살펴볼 때 이승만 대통령의 서울 천도는 처음부터 미국의 한국지원에 대한 행동을 떠보기 위한 고도의 책략이었음을 알 수 있다.

맥아더 장군에게 전화로 대포와 전투기 지원 요청
6월 26일 새벽 3시

무초 대사와의 회담이 끝난 후, 이승만 대통령은 6월 25일 밤을 앉은 채로 꼬박 새웠다. 경무대 비서들도 눈을 붙이지 못했다. 북한 야크기는 이날 밤에도 서울 상공을 선회했고, 그때마다 공습경보가 요란하게 울렸다.[101]

프란체스카 여사도 영문일기에서 당시의 상황에 대해, "대통령은 잠을 잊은 채 자정을 넘겼다. 침통한 모습에 나는 그때까지 한마디도 말을 건넬 수가 없었다"고 했다.[102] 그런 상황에서도 이승만 대통령은 미국의 지원을 끌어내기 위해 심혈을 기울였다.

이승만 대통령은 26일 새벽 3시에 맥아더 장군에게 한국에서의 전쟁 사태에 대한 미국의 책임을 묻는 전화를 했다.[103] 프란체스카는 당시의 상황을 자신의 영문일기에서 자세히 밝히고 있다.

26일 새벽 3시, 대통령은 동경의 맥아더 사령관에게 전화를 걸었다. 전속부관이 전화를 받았다. 그는 장군을 깨울 수 없으니 나중에 걸겠다고 대답했다. 대통령은 벌컥 화를 내며, "한국에 있는 미국 시민이 한 사람씩 죽어갈 터이니 장군을 잘 재우시오"라며 고함을 쳤다. 나는 너무나 놀라 수화기를 가로막았다.

대통령은 "마미, 우리 국민이 맨손으로 죽어 가는데 사령관을 안 깨우다니 말이나 되는 소리요"라며 몸을 떨었다. 상대편도 미국 국민이 한 사람씩 죽을 것이란 말에 정신이 들었는지 "각하, 잠깐 기다려주십시오" 하더니 맥아더 사령관을 깨우겠다고 했다.

맥아더 사령관이 전화를 바꾸자 대통령은 "오늘 이 사태가 벌어진 것은 누구의 책임이오. 당신 나라에서 좀 더 관심과 성의를 가졌다면 이런 사태까지는 이르지 않았을 것이오. 우리가 여러 차례 경고하지 않았습니까. 어서 한국을 구하시오"라며 무섭게 항의했다.

맥아더 사령관은 바로 동경 극동군사령부의 무기 담당

대한민국 정부수립 기념식에서 이승만 대통령과 맥아더 장군(1948년 8월 15일)

히키(Hicky) 장군에게 명해 무스탕 전투기 10대, 105밀리 곡사포 36문, 155밀리 곡사포 36문, 그리고 바주카포를 긴급 지원하겠다고 약속했다.

대통령은 조종사 10명을 보내 단기훈련을 받고나서 무스탕기를 몰고 오게 하겠다며 전화를 끊었다.[100]

이처럼 이승만 대통령은 시간에 구애받지 않고 국사(國事)를 돌봤다. 그것이 새벽이 되었든 밤중이 되었든, 그리고 상대가 맥아더 장군이 되었든 무초 대사가 되었든, 상관하지 않고 국가와 군에 도움이 되는 일이라면 촌음(寸陰)도 허비하지 않고, 행동에 옮기는 애국심으로 가득 찬 용기 있는 지도자의 모습을 보여줬다. 이승만 대통령의 이런 애국적 행보는 전쟁 중 또는 전후, 그리고 대통령 재임 중 내내 지속됐다.

무초 대사에게 전화로 대포와 전투기 지원 요청
6월 26일 오전 4시 30분

무초 대사에 의하면, 이승만 대통령은 26일 오전 4시 30분에 자신에게 전화를 했다고 한다. 전화에서 이승만 대통령은, "미 극동군사령관(맥아더)과 참모장(알몬드, Edward M.

Almond)에게 한국군에 필요한 전투기와 탄약 등을 요청하려고 전화했는데 받지 않았다"고 했다.[105]

무초 대사는 이승만 대통령과의 전화통화 내용을 정리하여 6월 26일 오전 5시에 애치슨 국무장관과 극동군사령관 맥아더 원수에게 알리면서 신속한 지원을 요청했다고 한다.

무초 대사는 애치슨 국무장관에게 보내는 전문에서, "이승만 대통령은 아직 서울 떠나지 않고 있다. 그는 방금 전화를 걸었지만, 맥아더 장군이나 그의 참모장과 통화할 수 없었다"고 말하면서, "그는 맥아더나 알몬드에게 폭탄을 실은 F-51 전투기 10대와 바주카포를 한국군 조종사들이 이륙준비를 하고 있는 대구로 보내달라고 긴급요청하려고 했는데 전화가 연결되지 않았다"고 했다.[106]

이승만 대통령은 무초 대사에게, "그들(한국 조종사들)이 새벽 전에 이곳에 도착해야 되며, 항공기가 새벽까지 도착하지 않으면, 북한군의 공격에 대항하기가 극히 어려울 것"이라고 말했다. 이 밖에도 이승만 대통령은 무초 대사에게, "105밀리 곡사포 36문과 75밀리 대전차포 36문, 155밀리 곡사포 36문을 원한다"고 했다.[107]

여기서 프란체스카의 일기와 무초 대사의 전문 사이에는 내용이 약간 상이한 것이 있다. 그것은 이승만 대통령과 맥아더 장군이 통화를 했는가 하는 문제이다. 프란체스카는 이승만 대통령이 맥아더 장군과 통화를 했다고 했고, 무초 대사는 이승만 대통령이 맥아더 장군과 그의 참모장이 전화를 받지 않아 자신에게 전화를 했다고 했다.

그러나 그것은 그렇게 중요하지 않다. 두 사람 중 누군가의 착각일 수 있다. 아무튼 중요한 것은 이승만 대통령이 그 시간(새벽 3시)에 맥아더사령부에 전화를 했고, 맥아더사령부로부터 전투기 10대와 대포, 바주카포를 지원받았으니 말이다.

무기지원 사실에 대해서는 프란체스카의 일기와 무초 대사의 전문 내용이 종류와 수량까지 정확하게 맞아 떨어지고 있다.

결과적으로 이승만 대통령이 맥아더 장군에게 전화했던 목적이 모두 이루어졌다는 점에서, 이승만 대통령의 전화통화 내용은 맥아더에게 정확히 전달되었음을 알 수 있다.

내무부 치안국 방문
6월 26일 아침

이승만 대통령은 6월 26일 아침, 내무부 치안국을 방문해 경찰계통으로 들어온 전선 상황을 점검하고 경무대로 돌아갔다.[108) 당시 전선 상황은 더욱 복잡해지고 피난민이 증가

하고 있는 상황이었다.

이승만 대통령은 전쟁 당일인 6월 25일에는 하루 종일 경무대에서 중요한 전시 외교와 국정업무를 처리했다. 그는 미국의 지원을 위한 대미외교, 무초 대사와 미 극동군사령관 맥아더 장군을 통해 국군에게 시급히 필요한 탄약과 무기지원요청, 그리고 비상국무회의를 통해 전시 정부가 조치해야 될 내용들을 처리한 후, 전선 상황을 직접 확인하고자 경무대 가까이에 위치한 내무부 치안국을 방문했던 것으로 여겨진다.

이승만 대통령 특명으로 군사경력자 회의와
한강방어선 논의
6월 26일 오전 10시

신성모 국무총리서리 겸 국방부장관은 이승만 대통령으로부터, "군사경력자들의 자문을 받아 난국을 타개하라!"는 특명(特命)을 받고 26일 오전 10시에 국방부로 긴급히 현역 및 재야 원로급 군사경력자들을 초청했다.[109] 이승만 대통령의 군사경력자 자문 지시는 25일 오후 10시 이후에 시작된 무초와의 회담이 끝날 무렵이었다.

이승만 대통령은 신성모 국무총리서리에게, "'군에 관한 지식을 가진 유능한 사람 몇 명(several capable men with military knowledge)'을 모아 상황을 토의하고 적절한 조치를 결정하라"고 지시했다.[110)

이때 신성모 국방부장관을 비롯하여 채병덕 육군총장, 김정렬(金貞烈) 공군총장, 김영철(金永哲) 해군총장 대리(손원일 해군 구축함 도입 후 하와이 체류 중), 김홍일(金弘壹) 육군소장, 송호성(宋虎聲) 준장, 전 통위부장 유동열(柳東悅), 전 국무총리 이범석, 전 광복군사령관 지청천(池靑天), 전 제1사단장 김석원(金錫源) 예비역 준장 등이 참석했다.[111)

이 회의에서 신성모 국방부장관과 채병덕 육군총장은, "현재 군은 의정부에서 북괴군을 반격하고 있으며, 전황은 유리하게 진전되고 있다"고 설명했다. 이에 육군참모학교장 김홍일 소장은 작전지도방침의 확립을 강조하는 한편, 의정부 정면에서의 공세 이전을 위험시하고 한강 이남에서의 결전(決戰)을 주장했다.

특히 김홍일 소장은, "작전지도방침을 확립하는 것이 급무(急務)이며, 결전을 기도한다면 어느 선에서 어느 병력을 집중하느냐, 지연작전을 취한다면 어디까지 철수하느냐를 조급(早急)히 결정할 필요가 있다"고 말했다.[112)

이때 이범석 전 총리와 김석원 장군이 김홍일 장군의 의

북한군 모터사이클 부대

서울로 들어오는 북한군

견에 동조하면서, "현 한강선 방어 이외에는 승산이 없음을 강력히 제안했다"고 한다. 하지만 신성모 국방부장관이나 채병덕 육군총장의 주장을 꺾지 못하고 짧은 시간 내에 회의는 폐회됐다.[113]

결국 서울이 6월 28일에 함락되자, 채병덕 총장은 지체 없이 한강방어선에서 북한군을 막기로 하고, 이를 위해 시흥지구전투사령부(始興地區戰鬪司令部)를 설치한 후 사령관에 김홍일 육군소장을 임명함으로써 성공적인 한강방어를 치를 수 있게 됐다.

당시 미 군사고문단은 한강방어선을 3일만 버티어주면 된다고 했으나, 김홍일 장군은 7월 3일까지, 그 두 배가 되는 6일간을 버텨냄으로써 미 극동군사령관 맥아더 장군의 한강선 시찰과 이로 인한 미 지상군과 유엔군이 참전할 수 있는 시간을 벌게 됐다.

따라서 이승만 대통령의 지시로 긴급히 이루어진 군사경력자 회의는 차후 한강선 방어작전을 수행하는 데 크게 기여하게 됐다.

미 의회에서 연설 중인 이승만 대통령(1954년 7월 28일)

제6차 국회 본회의 참석
6월 26일 오전 11시~오후 1시

전쟁 당일에 개최되지 못한 국회가 26일 오전 11시에 신
익희(申翼熙) 국회의장의 사회로 제6차 본회의를 열었다.[114]
이 회의에는 이승만 대통령을 비롯한 전 국무위원을 출석시
켜 사태수습을 위한 방책을 논의했다.[115] 이승만 대통령이
국회에 참석했던 커다란 이유 중 하나는, 당시 미국과 유엔
의 지지를 받아야 하는 대한민국 입장에서 국민의 대표기관
인 국회로 하여금 미국 대통령과 의회, 그리고 유엔총회에

보내는 메시지를 작성하도록 조언했을 가능성이 크다.

이날 국회에서는 실제로 미국 대통령과 의회, 그리고 유엔총회에 '한국의 지원을 호소하는 메시지'를 결의했다. 무초 대사도 한국 국회가 미국 대통령과 의회, 그리고 유엔총회에 지원을 호소하고 위기에 직면한 한국정부에 대한 지지를 만장일치로 결의했다고 워싱턴에 보고했다.[116]

그럼에도 국회의 기록에는 정부 당국조차 사태의 진상을 완전히 파악하고 있지 못하여 구체적인 논의를 하지 못하고 산회한 것으로 평가하고 있다.[117]

하지만 국회가 아무 일도 하지 않은 것은 아니었다. 제6차 본회의에서는 국방부장관과 내무부장관, 그리고 육군총장으로부터 전황을 설명 듣고 〈비상시국에 관한 결의안〉을 통과시켰다. 결의안의 내용은 다음과 같다.

첫째, 예산에 구애됨이 없이 군사비지출을 위한 권한을 정부에 위임한다.

둘째, 유엔과 미 의회, 그리고 미 대통령에게 메시지를 보낸다.

셋째, 38도선 지역에서 전투 중인 군경과 주민을 격려하기 위해 국회의원으로 구성된 위문단을 파견한다.

넷째, 대미 무기대책위원회를 국회에 구성한다.

다섯째, 물심양면으로 행정부에 호응하는 동시에 긴밀한 연락을 유지하여 국가의 안정을 기한다.[118]

이와 같이 결의한 국회는 오후 1시에 정회했다가, 오후 2시에 장택상(張澤相) 국회부의장의 사회로 비밀회의를 열어 유엔과 미 의회, 그리고 미 대통령에게 보내는 메시지와 대미 무기구입대책위원회 조직안을 채택하여 가결한 다음 오후 4시에 산회했다.[119]

육군본부와 치안국 상황실 방문
6월 26일 오후 2시~미정

이승만 대통령은 국회에 출석한 다음, 26일 오후 2시에 육군본부와 치안국 상황실을 방문하고 전황을 보고받았던 것으로 여겨진다. 프란체스카의 일기에도 오후 2시에 육군본부와 치안국 상황실을 방문한 것으로 되어 있다.[120]

특히 이승만 대통령의 육군본부 방문에 대해 당시 연합신문의 이지웅(李志雄) 기자는 자신이 날이 어두워질 무렵 육군본부에 들렀더니, "이 대통령이 격려를 하고 가셨다며, (장병들의) 사기가 오른 것 같았고, 단단히 각오를 하고 있는 것

같은 표정들이었다"며 증언하고 있다.[121]

한편 이승만 대통령이 육군본부에 들러 전황을 보고받고 경무대로 돌아올 때 서울 상공에는 적의 야크기가 맴돌고 있었다.[122] 북한군 전투기가 나타날 때마다 이승만 대통령과 프란체스카는 방공호로 피신해야 했다.

대통령 피난 문제 1차 제기
6월 26일 오후 4시

6월 26일 오후 1시경 서울의 관문인 의정부가 함락된 이후, 대통령의 피난 문제가 나왔다. 그러나 이를 실행하는 과정에서 많은 시행착오를 겪었다. 이는 전황 보고가 뒤죽박죽인 데다, 신 장관이 계속 "걱정하실 것 없다"는 말로 사태를 흐리고 있었기 때문이다.

오후 4시경 프란체스카 여사는 비서들에게 기밀서류를 챙기게 한 뒤 교통부장관에게 특별 열차를 대기하도록 했다.

그런데 신성모 국방부장관이 경무대로 들어와서 "각하 별일 없습니다. 사태는 호전되고 있습니다"라고 말하자, 프란체스카는 피난 준비를 취소시켰다. 이승만 대통령도 "내일 아침(27일) 국무회의를 소집하라"고 지시했다. 그런데 밤

10시가 넘자 비서들이 피난 열차를 대기하도록 김석관 교통
부장관에게 연락했다.[123]

김태선 서울시경국장, 대통령에게 피란 건의
6월 26일 오후 9시

6월 26일 오후 9시에 김태선(金泰善) 서울시경국장이 경
무대에 들어와, "서대문형무소에 수천 명의 공산분자들이
갇혀 있습니다. 그들이 탈옥한다면 인왕산(仁旺山)을 넘어 제
일 먼저 여기로 옵니다. 각하께서 일시 피난하셔서 이 전쟁
의 전반을 지도하셔야 합니다"라고 보고했다.[124]

무초 대사도 26일 오후 11시에 애치슨 국무장관에게, "모
든 징후로 보아 상황이 너무 급속히 악화되고 있고, 특히 애
스콤(ASCOM)과 김포 지역의 전투 상황으로 보아 우리가 탈
출하지 못할 수도 있다"는 긴급전문을 보냈다.[125]

장면 박사(왼쪽에서 두 번째)와 이승만 대통령 내외

장면 대사에게 트루먼 대통령을 만날 것을 지시
6월 27일 새벽 1시(워싱턴 시각 6월 26일 낮 12시)

이승만 대통령은 6월 27일 새벽 1시경에 주미대사관에 전화를 걸었다.[126] 이때는 경무대에서 국무회의가 열리고 있었다. 한표욱 참사관이 전화를 받았다. 한표욱 참사관은 "이때 대통령의 목소리는 지난번과는 달리 확연히 떨리는 기색이었고, 흥분을 감추려고 노력하는 듯했다"고 회고했다.[127]

이승만 대통령은 한표욱 참사관에게, "필립, 일이 맹랑하게 되어가고 있다. 우리 국군이 용감하게 싸우긴 하나 모자라는 게 너무 많다. 즉각 장 대사를 모시고 트루먼 대통령을 만나 군사원조의 시급함을 설명하고 협조를 요청하라"고 지시했다.[128]

이어 대통령은 장면 대사와 통화를 했다. 장 대사에게도, "우리 국민이 잘 싸우고 있지만 무기가 없어서 큰 걱정이다. 제일 필요한 것이 탱크다. 그러니 빨리 탱크를 보내도록 주선하라"고 지시했다.[129]

이승만 대통령의 지시에 따라 한표욱 참사관은 국무부의 한국 담당 나일스 본드(Niles Bond)에게 전화를 걸어 트루먼 대통령의 면담을 요청했다. 그렇게 해서 그날 27일 오전 4시 (워싱턴 시각 26일 오후 3시)에 백악관에서 장면 대사는 트루먼 대통령과 회동했다.

장면 주미대사는 먼저 이승만 대통령의 지시내용을 전달했다. 이때 트루먼 대통령은 자신만만한 태도로, "한국정부, 국민, 국군이 용감하게 싸우고 있으며, 국민이 여러 가지 고난을 당하고 있는 것을 잘 알고 있다. 미국 독립전쟁 때 독립군이 무기, 식량난에 어려움을 겪고 낙담하자, 프랑스의 라파예트 장군이 우리를 도와준 적이 있다. 또 1917년 유럽 제국이 독일의 침공을 받아 존망의 어려움을 겪었을 때, 미국은 지원에 나선 적이 있다"고 했다.[130]

이어 트루먼 대통령은 장면 대사에게, "대한민국에 상당한 무기와 탄약을 수송하라는 명령이 내려졌고, 이 장비는 곧 한국의 군사 상황에 영향을 미칠 것"이라고 알려줬다.[131] 이는 미국의 한국에 대한 지원이 공식적으로 시작되었음을 알리는 것을 의미했다.

맥아더 장군에게 전화
6월 27일 새벽 1시 이후

주미대사관에게 전화를 걸고 난 후 이승만 대통령은 다시 맥아더 장군에게 전화를 걸었다. 당시 상황에 대해 민복기 비서는 다음과 같이 회고하고 있다. 이승만 대통령은 전화를 받은 맥아더 장군의 보좌관이, "사령관께서는 지금 자고 있다"고 대답하자, "우리는 지금 잘 싸우고 있으나 무기가 없다. 그러니 탱크를 빨리 보내라. 만일에 당신들이 아니 도와줄 것 같으면 여기 미국 사람들도 완전치 못할 것"이라고 흥분된 어조로 말씀하셨다. 그러자 프란체스카 여사가 대통령의 입을 막으시는 것 같았다고 회고했다.[132] 그런 후 이승만 대통령은 새벽 3시에 경무대를 떠났다고 했다.

비상국무회의 개최와 신성모·조병옥·이기붕, 대통령에게 피란 건의

6월 27일 새벽 2시

이승만이 비상국무회의에 참석하지 않고 경무대 대기실에서 주미대사관과 맥아더 원수에게 전화를 걸고 나자, 국무회의에 참석했던 신성모 국무총리서리 겸 국방부장관과 이기붕 서울시장, 그리고 조병옥 박사가 들어와서, "각하, 사태가 여간 급박하지 않습니다. 빨리 피하셔야겠습니다"라고 말했다. 이에 이승만 대통령은 "나보고 서울을 버리고 떠나란 말인가? 서울 시민은 어떻게 하란 말인가?"라고 말했다.[133]

조병옥 박사는 프란체스카 여사와 비서들에게 "각하의 고집을 꺾어야 합니다. 빨리 서둘러 피난을 보내셔야 합니다"라고 말했다.[134] 그러나 이승만 대통령은 "안 돼! 서울을 사수해! 나는 떠날 수 없어!"라며 요지부동이었다.[135]

이때 프란체스카 여사가 "지금 같은 형편에서는 국가원수에게 불행한 일이 생기면 더 큰 혼란이 일어날 거라고 염려들을 합니다. 그렇게 되면 대한민국의 존속이 어렵게 된답니다. 일단 수원까지만 내려갔다가 올라오는 게 좋겠습니다"라고 말했다.[136]

대구 시내를 시찰하고 있는 이승만 대통령 내외

이 말에 이승만 대통령은 "뭐야! 누가 마미한테 그런 소릴 하던가? 캡틴 신(신성모)이야. 아니면 치프(chief) 조(조병옥)야. 장(장택상)이야. 아니면 만송(이기붕)이야. 나는 안 떠나"라며 역정을 냈다.[137] 그러다 이승만 대통령은 전선 상황이 위급하다는 것을 알고 어쩔 수 없이 마음을 돌리게 됐다.

북한군 전차 서울진입 보고에 경무대를 출발
6월 27일 새벽 3시

북한군 전차가 청량리까지 들어왔다는 경찰보고[138]와 "서대문형무소가 무너지면 경무대가 위험하다"는 김태선 치안 국장의 말에, 이승만 대통령도 할 수 없이 새벽 3시 경무대를 출발하여 서울역으로 가게 됐다.[139] 당시 청량리에서 경무대까지는 4킬로미터도 채 안 되는 가까운 거리였다. 또 창동까지 진출한 적의 포병 사거리(11킬로미터)로는 경무대를 충분히 타격할 수 있는 거리였다. 북한군이 마음만 먹으면, 대통령을 생포할 수도 있고, 죽일 수도 있는 거리였다. 절체절명의 순간이었다.

여기에 무시할 수 없는 것이 북한의 공습이었다. 북한군 전투기들은 6월 26일부터 서울 용산 일대의 군 시설과 여의도 및 김포 비행장은 물론이고, 대통령이 있는 경무대를 비롯하여 중앙청 일대에까지 기총소사를 하며, 항복을 권유하는 전단까지 살포했다.[140] 이때 대통령과 프란체스카 여사도 방공호로 피신했다.

더구나 당시 서대문형무소에는 좌익사범을 포함한 7,000여 명의 죄수가 수감되어 있었고, 마포구 공덕동에 있는 마포형무소에도 3,500여 명의 죄수가 있었다. 그리고 그곳에서 가까운 영등포구 양평동에 위치한 영등포형무소에도 많은 재소자들이 수감되어 있었다.[141] 이들이 탈옥하여 경무대로 몰려든다면 대통령의 신변은 장담할 수 없었다.

그런 점에서 당시 여러 가지 상황을 고려할 때 이승만 대통령의 피란 결정은 적절했다. 그렇게 해서 서울역에 도착한 이승만 대통령 일행은 타고 갈 기차의 기관사를 찾느라 지체하다, 오전 4시에야 비로소 서울역을 출발했다. 이때 황규면 비서는 대통령이, "내가 서울 시민들하고 같이 죽더라도 남아서 싸워야 할 텐데……. 그러나 내가 잡힐 것 같으면 다 끝나는 거야"라며 혼잣말로 자문자답하는 것을 들었다고 회고했다.[142]

남침 이후 이승만 대통령의 길고 긴 3일간의 여정이 끝나는 순간이었다. 그는 그동안 한숨도 못 자고 긴요한 일들을 처리했다. 기차를 타자 긴장이 풀린 대통령은 그동안의 피로가 겹쳐 잠시 눈을 붙이게 됐다. 그리고 대구까지 내려갔다가 기차를 다시 돌려 대전으로 올라와 그곳에서 전쟁을 지도하게 됐다. 대구역에 도착하자, 이승만 대통령은 "내 평생 처음으로 판단을 잘못했어. 여기까지 오는 게 아니었는데……"라며 침통해 했다.[143]

그런 후 이승만 대통령은 바로 열차를 돌리게 한 다음, 조재천(曺在千) 경북지사와 유승렬(劉升烈) 제3사단장을 불러, "국민을 격려해서 한 뭉치가 되어 공산당을 물리치게. 나는 올라갈 테니 그쯤 알고 잘들 하게"라고 말하고 대전으로 올라왔다.

이승만 대통령이 서울로 올라가려다 대전에 머무르게 된

것은, 미국대사관의 드럼라이트(E. F. Drumright) 참사관이, 대통령에게 유엔안보리에서 소련이 거부권을 행사하지 못한 경위와 그 결과로 얻어진 유엔안보리의 한국지원 결의, 그리고 미국의 공식적인 태도를 밝히면서, "이제는 각하의 전쟁이 아니라 우리의 전쟁이다(This is not your war but ours)"라고 말했기 때문이다. 참사관의 말에 이승만 대통령은 생기를 되찾고 충남지사 관사로 자리를 옮기게 됐다.[144]

무초 대사는 이승만 대통령의 피란 사실을 두 차례에 걸쳐 미 국무장관에게 보고했다. 첫 번째 전문은 6월 27일 오전 6시에 서울에서 발송한 것으로, "대통령과 대부분의 각료가 서울을 떠나 남쪽으로 갔다"는 내용이고,[145] 두 번째 전문은 2시간 후인 오전 8시에 발송한 것으로, "오전 7시에 신성모 국무총리서리가 자신(무초)을 찾아와 대통령이 새벽 3시에 진해로 떠났고, 각료들은 오전 7시에 남쪽으로 출발했으며, 모두 특별 열차로 이동했다"는 내용이었다.[146]

에필로그

  북한군의 남침 이후 이승만 대통령의 3일간의 행적은 그
야말로 드라마틱한 것으로, 그는 대한민국 대통령으로서, 그
리고 국가원수이자 통수권자로서 해야 할 일을 정확히 수
행했음을 알 수 있다. 남침 이후 이승만 대통령의 3일간은
75세의 노인이 감당하기에는 너무나 버거운, 가히 살인적
인 스케줄이었다. 누구의 도움도 없이 짜인 이승만 대통령의
3일(72시간)의 행적은 완벽 그 자체였다. 최고의 참모진도 그
와 같은 매뉴얼을 작성하지 못했을 것이고, 그런 매뉴얼이
작성되었다 하더라도 그것을 완벽하게 수행하기에는 너무
나 어렵고 벅찬 업무였다. 그럼에도 이승만 대통령은 그 누

동부전선 지역 부대를 방문하고 있는 이승만 대통령

논산 훈련소에서 이승만 대통령을 환영하는 논산 군민

구의 도움도 받지 않고, 그것을 완벽하게 해냈다. 국가지도자로서 그의 위대성이 덧보이는 대목이다.

6월 25일 오전 10시, 남침 상황을 보고받은 직후, 이승만 대통령은 곧바로 하와이에 머물던 구축함 3척에 대한 신속한 귀국지시(오전 11시경)를 시작으로 무초 대사와의 회동(오전 11시 35분), 주미대사관 전화(미국지원 요청, 오후 1시), 긴급국무회의(오후 2시), 미국에 무기와 탄약 지원요청(오후), 미 극동군사령부에 전투기 지원요청(오후), 무초 대사와의 회동(오후 10시 이후), 신성모 국방부장관에게 군사경력자회의 지시(오후 10시 이후) 등을 수행했다.

이승만 대통령의 나라를 구하겠다는 구국적(救國的)인 행보는 계속된다. 전쟁 다음 날인 6월 26일에는 새벽부터 대통령은 미 극동군사령관 맥아더 장군에게 전화(새벽 3시), 무초 대사에게 전화(오전 4시 30분), 내무부 치안국 방문(아침), 대통령 지시로 군사경력자회의 개최(오전 10시), 국회 본회의 참석(오전 11시~오후 1시), 육군본부와 치안국 상황실 방문(오후 2시), 서울시경국장 피란 건의(오후 9시), 주미대사관 전화(27일, 새벽 1시 이후), 맥아더 장군에게 전화(주미대사관 전화 이후), 신성모 국방부장관과 조병옥 박사 등 대통령에게 피란 건의(새벽 2시), 경찰의 적 전차 청량리 진입 보고에 따른 경무대 출발(새벽 3시), 서울역 출발(오전 4시) 등의 행보를 보였다.

남침 당시 이승만 대통령의 국가위기 해결을 위한 국가
안보시스템이나 매뉴얼은 존재하지 않았다. 이승만 대통령
은 당시 미국 대통령처럼 국가안전보장회의(NSC)나 중앙정
보국, 그리고 미 국방부 및 합동참본보부로부터 전쟁 상황을
보고받고, 이에 대한 대책을 건의 받아 전쟁을 지도한 것이
아니었다. 순전히 자신의 지식과 경험, 그리고 오로지 자신
의 판단력에 의존해 전쟁을 지도해 나갔다.

당시 대한민국에는 전쟁 상황을 논의하고 대책을 협의할
국가안전보장회의도 없었고, 정보를 수집하고 정책판단에
도움을 줄 중앙정보국도 없었으며, 작전을 직접 지도하고 수
행하는 군사지휘본부 역할을 할 합동참모본부(JCS)도 없었
다. 그렇다고 북한군의 전차와 전투기에 맞설 전투력도 보유
하고 있지 않았다. 이는 건국한 지 2년도 채 안 되었고, 미국
의 소극적인 대한정책과 국군에 대한 방어용 군대육성전략
에 따른 미국의 전략적 오판으로 인해 생긴 결과였다.

그럼에도 이승만 대통령은 전쟁 상황을 보고받은 후 침
착하게 전쟁에 도움이 될 일들을 찾아 우선순위에 입각하여
전시 국사(國事)를 하나씩 처리해 나갔다. 이승만 자신이 아
니면 도저히 할 수 없는 일들이었다.

전시 국사를 처리하는 데 있어 이승만 대통령은 두 가지
원칙으로 행동했음을 알 수 있다. 첫째, 우선 대통령 자신과

서울 시내로 들어온 북한군 전차

중앙청 앞의 북한군 전차

동부전선 지역 부대를 방문하고 있는 이승만 대통령

전선 부대를 방문하고 훈시하는 이승만 대통령

정부, 그리고 군이 해야 될 일을 정하고, 그것부터 처리해 나갔다. 그다음에는 전쟁수행에 절대적으로 필요한 것을 미국에 알리고, 그다음부터는 미국으로부터 그것을 얻어내는 데주력했다. 대신 순수한 군사작전에 관한 사항은 군부에 일임했다. 미국에 대해서는 밀고 당기는 압박 전술을 구사했다. 대신 도움을 받지 않고 할 수 있는 일을 철저히 수행했다.

이승만 대통령은 남침 보고를 받고, 북한의 전면공격임을 인식했다. 이에 따라 먼저 하와이에 있는 해군 구축함(3척)을 빨리 귀국하도록 지시했고(호놀룰루 총영사, 장면 대사), 대한민국의 전쟁지도방침(전황 보도·계엄령선포·총력전·통일기회)과 미국의 지원(무기·탄약·전투기)을 얻기 위해 무초 대사를 경무대로 불러 이것을 알렸으며, 이후에는 이러한 지도방침 하에 전쟁을 지도해 나갔다.

이승만 대통령은 미국의 지원이 시원치 않자, 서울 천도를 내세워 미국을 압박하여 필요한 무기와 장비를 신속히 얻어냈고, 또 전투에 절대 필요한 전투기(F-51)를 요청해 이를 획득했다. 이 모든 것이 남침 직후 3일 만에 이루어낸 성과였다.

또한 이승만 대통령은 그 바쁜 와중에도 육군본부와 치안국 상황실을 방문하여 전황을 점검하고 이에 따른 대책마련과 조치를 취해 나가는 전시 지도자의 모습을 보여줬다. 그리고 전쟁에 대한 군사작전의 방침을 위해 군사경력자회의를 지시하여 군사적 해결을 위한 지혜를 모으도록 조치했다.

그 결과 서울 함락 이후 신속한 한강선방어작전이 실행되기에 이르렀다. 그러나 순수한 군사작전에 대해서는 국방부장관과 각 군 총장에게 일임하여 군사작전에 혼선이 오지 않도록 스스로 자제하는 모습을 보였다.

특히 이승만 대통령은 대한민국이 수행해 나갈 전쟁목표로서 한반도 문제의 항구적 해결을 위한 절호의 기회, 즉 한반도 통일을 결심했다. 이승만은 전쟁 수행을 위한 방안으로서 한국 국민은 돌멩이라도 들고나와 싸운다는 총력전 태세를 이미 결심하고 이를 실천할 의지를 내보였다.

이는 6·25전쟁 기간 어린이와 노인을 제외하고 모든 국민이 참전한 총력전으로 나타났다. 전쟁에는 학도의용군, 여군, 경찰, 대한청년단, 청년방위대, 노무자 등 모든 국민이 참전하여 공산군과 싸웠다.

나아가 미국의 지원에 대해서는 전 국민에게 신속히 알리겠다고 하면서 미국의 신속한 지원을 압박했다. 이를 위해 이승만 대통령은 무초 대사를 먼저 불러 대한민국의 입장을 알린 후 미국의 지원을 요청하거나, 주미한국대사를 통해 백악관과 국무부에 한국에 대한 군사지원이 이루어지도록 한국의 상황을 알리고, 이에 대한 지원을 받을 수 있도록 외교적 노력을 기울였다.

그 과정에서 이승만 대통령은 특유의 대미 압박 전술과 벼랑 끝 전술을 구사하며, 한국이 필요한 것을 얻어냈다. 이른바 무기와 탄약, 한미상호방위조약, 국군전력증강, 경제지원 등이 그것이다.

이승만 대통령은 긴급국무회의를 통해 긴급조치령을 발령하여 보도통제와 전시 범죄자 처단에 대한 조치를 취하여 전시 치안에 힘썼다. 그 때문인지 이승만 대통령은 무초 대사에게 언급했던 계엄령은 실시하지 않았다. 이는 당시 긴박한 전황을 고려하여 계엄의 주체가 될 육군본부의 업무 부담을 줄이기 위한 고려였던 것으로 여겨진다. 당시는 계엄을 위한 준비가 되어 있지 않은 데다 대통령의 긴급조치령으로 비상계엄이 그렇게 시급한 상황은 아니었다. 이는 작전을 수행하고 있는 군에게 오히려 부담만 줄 뿐이었다. 이승만 대통령은 이처럼 격식을 따지지 않고 전시 긴급한 일부터 효율적으로 처리해 나갔다.

이러한 것을 종합해 볼 때, 이승만 대통령의 3일간의 행적을 살펴보면 크게 4가지로 대별할 수 있다.

첫째, 이승만 대통령은 대미외교를 통해 미국으로부터의 무기 지원과 미국의 참전을 위해 노력했다. 이를 위해 이승만 대통령은 먼저 무초 미국대사를 경무대로 불러 미국의 의중을 떠본 후, 대통령 자신의 전쟁에 대한 인식과 향후 대한민국이 어떻게 이 전쟁을 수행해야 할 것인지를 명확히 밝혔다.

또한 이승만 대통령은 주미한국대사관을 통해 미국의 지원을 얻도록 확실한 지침을 내려 이를 실행에 옮기도록 했다. 결국 미국은 유엔안보리에서 장면 대사가 한국의 입장을 밝힐 연설을 할 수 있도록 주선했고, 트루먼 대통령은 미국의 참전을 넌지시 시사했다.

둘째, 이승만 대통령은 국무회의를 통해 신속히 전황을 파악하고 정부가 어떻게 대처해 나갈지를 강구했다. 아울러 군사경력자들을 소집하여 현재의 난국을 타개할 방안을 강구하도록 지시함으로써 서울 함락 이후 한강방어선을 수행할 수 있는 지혜를 모을 수 있었다.

셋째, 이승만 대통령은 해군의 전투함이 빨리 귀국할 수 있도록 신속히 조치했고, 미국으로부터 전투기를 조기에 지원받아 대한민국 공군으로 하여금 지상 전투를 지원할 수 있게 했다.

넷째, 이승만 대통령은 국군에게 부족한 탄약과 장비, 그리고 무기를 조기에 요청하여 지연작전 시 이를 효과적으로 사용하도록 했다.

다섯째, 이승만 대통령은 육군본부와 치안국을 방문하여

전황을 점검한 후, 대통령으로서 무엇을 해야 할 것인지를 결정했다.

결론적으로 이승만 대통령은 남침 직후 대통령으로서, 국가원수로서, 그리고 국군통수권자로서 매우 적절한 활동을 했으며, 반드시 해야 될 일을 정확히 했다고 평가할 수 있다. 그런 점에서 그는 미국의 명문대학을 나온 석학(碩學)으로서뿐만 아니라 전시 긴박한 상황에서도 품위를 잃지 않고, 역량 있는 국가지도자로서 전혀 손색이 없는 역할을 수행했다고 평가할 수 있다.

이승만 대통령의 3일간의 전시 활동은 대한민국이 향후 전쟁을 수행하게 될 전시 국정의 지침이 됐고, 이러한 틀 안에서 대한민국 정부와 국민은 전쟁을 수행해 나갈 수 있었다. 그런 점에서 이승만 대통령의 3일간의 행적에 대한 공로는 아무리 강조해도 지나치지 않을 것이다.

주

1) 조정환, 「머리말」, 외무부 편, 『外務行政의 十年』, 외무부, 1959, 2쪽.

2) 허정, 『우남 이승만』, 태극출판사, 1974; 허정, 『허정 회고록: 내일을 위한 증언』, 샘터사, 1979.

3) 로버트 T. 올리버, 황정일 역, 『신화에 가린 인물 이승만』, 건국대학교 출판부, 2002, 342쪽; 유영익, 「이승만 대통령의 업적」, 유영익 편, 『이승만 대통령 재평가』, 연세대학교 출판부, 2006, 478쪽; Robert T. Oliver, 『Syngman Rhee: The Man Behind the Myth』, New York: Dodd Mead and Co., 1960, p.321.

4) 김인서, 『망명노인 이승만 박사를 변호함』, 독학협회출판사, 1963, 16쪽.

5) 김동춘, 『전쟁과 사회: 우리에게 한국전쟁은 무엇이었나』, 돌베개, 2009, 119-202쪽; 김상웅, 『'독부' 이승만 평전: 권력의 화신, 두 얼굴의 기회주의자』, 책보세, 2012; 리처드 C. 알렌, 윤대균 역, 『韓國과 李承晩』, 합동통신사, 1961.

6) 이승만의 남침 직후 초기 행적을 알 수 있는 유일한 자료로는 프란체스카의 영문일기를 바탕으로 발간된 책이다. 프란체스카 도너 리, 『프란체스카의 난중일기: 6·25와 이승만』, 기파랑, 2010, 22-26쪽. 이승만의 정치고문인 로버트 T. 올리버 박사의 책에도, 남침 직후 이승만의 행적을 찾기는 어렵다. 로버트 T. 올리버, 황정일 역, 『신화에 가린 인물 이승만』, 건국대학교 출판부, 2002; 로버트 T. 올리버, 박일영 역, 『대한민국 건국의 비화: 이승만과 한미관계』, 계명사, 1990.

7) 중앙일보사 편, 『한국전쟁 실록: 민족의 증언』 제1권, 중앙일보사, 1972; 부산일보사 편, 『임시수도 천일: 부산피난시절 진상을 파헤친 다큐멘터리 대하실록』 상·하, 1984; 경향신문사 편, 『내가 겪은 20세기: 백발의 증언 원로와의 대화』, 경향신문사, 1974; 김석영 편, 『경무대의 비밀: 이제야 모든 진상을 알게 되었다』 제1집, 평진문화사, 1960; 박용만, 『제1공화국 경무대의 비화』, 내

외신서, 1965; 임병직,『임병직 장관 회고록: 임정에서 인도까지』,
외교통상부 외교안보연구원, 1998; 조병옥,『나의 회고록』, 도서
출판 선진, 2003; 허정,『허정 회고록: 내일을 위한 증언』, 샘터,
1979.

8)　United States Department of State,『*Foreign Relations of United
States*(이하 FRUS로 표기), *1950*』, Vol. Ⅶ, Korea(Washington,
D.C.: United States Government Printing Office, 1976), pp.125-
176.

9)　이들 자료로는, 국방부,『한국전란1년지』, 선광인쇄주식회사,
1951; 국방부,『한국전쟁사』제1권(개정판), 전사편찬위원회,
1977; 국방군사연구소,『한국전쟁』상, 1995; 국방부군사편찬연
구소,『북한의 전면남침과 초기방어전투』제2권, 군사편찬연구
소, 2005 등이다.

10)　한표욱은 1916년 함경북도 북청에서 출생하여 서울 중동학교를
졸업한 후, 연희전문 문과를 졸업했다. 이후 미국에 유학하여 시
라큐즈대 철학과를 졸업하고, 하버드대에서 정치학 석사, 미시
간대에서 철학박사를 수여받았다. 주요 경력으로는 미 하버드대
연구원, 미 조지워싱턴대 국제정치학 교수를 역임했다. 1948년
8월 15일 정부수립 이후, 이승만 대통령에 의해 발탁돼 주미한국
대사관 창설요원으로 외교관 생활을 시작했다. 이후 주미대사관
1등서기관, 참사관, 전권공사, 제네바대표부대사, 태국대사, 유엔
대사, 오스트리아대사, 영국대사를 끝으로 1981년 외교관 생활
을 은퇴한 대한민국 외교의 산 증인이다.

11)　한표욱,『한미외교 요람기』, 중앙신서, 1984.

12)　남시욱,『6·25전쟁과 미국: 트루먼·애치슨·맥아더의 역할』, 청
미디어, 2015.

13)　A. V. 토르쿠노프, 구종서 역,『한국전쟁의 진실과 수수께끼』, 에
디터, 2003, 114쪽; 국방부군사편찬연구소 역,『소련군사고문단
장 라주바예프의 6·25전쟁보고서』, 군사편찬연구소, 2001, 135-
137쪽; 러시아 국방부, 김종국 역,『러시아가 본 한국전쟁』, 교육
사령부, 2002, 31쪽.

14) 앞의 책, 국방부군사편찬연구소,『북한의 전면남침과 초기방어전투』제2권, 군사편찬연구소, 2005, 55쪽.

15) 합동참모본부,『한국전사』, 합동참모본부 군사연구실, 1984, 787쪽.

16) 공군본부,『6·25전쟁 항공전사』, 공군본부, 2002, 14-15쪽.

17) 같은 책, 15쪽.

18) The Ambassador in Korea(Muccio) to the Secretary of State, 『FRUS, 1950』, Vol. Ⅶ, pp.132-133.

19) 앞의 책, 국방부,『한국전쟁사』제1권(개정판), 전사편찬위원회, 1977, 577쪽; 국방군사연구소,『한국전쟁』상, 국방군사연구소, 1995, 108쪽.

20) 앞의 책 국방부,『한국전쟁사』제1권(개정판), 전사편찬위원회, 1977, 928쪽.

21) 같은 책, 578쪽.

22) 같은 책, 577쪽.

23) 같은 책, 577쪽.

24) 같은 책, 576-577쪽.

25) 같은 책, 578-579쪽.

26) 같은 책, 578-579쪽.

27) 같은 책, 631쪽.

28) 같은 책, 631쪽.

29)「백성욱 내무부장관 증언」, 국방부,『한국전쟁사』제1권(개정판), 전사편찬위원회, 1977, 631쪽.

30) 앞의 책, 부산일보사 편,『임시수도 천일』상, 16쪽.

31) 같은 책, 16쪽.

32) 앞의 책, 프란체스카 도너 리,『프란체스카의 난중일기』, 22쪽. 이승만은 경회루에서 낚시한 것이 아니라 비원의 반도지에서 낚시를 하고 있었다(앞의 책, 국방부,『한국전쟁사』제1권(개정판), 전사편찬위원회, 1977, 610쪽).

33) 경무대경찰서는 6·25전쟁 당시 서울시경찰국 산하에 편제된 정식 경찰서 명칭이다. 경무대경찰서는 1949년 2월 23일 경무대

지역을 관할하던 창덕궁경찰서를 폐지함과 동시에 '국가원수와 중앙청 경호경비'를 담당하기 위해 설치됐다. 경찰청,『경찰50년 사』, 경찰사편찬위원회, 1995, 106-107쪽.

34) 앞의 책, 프란체스카 도너 리,『프란체스카의 난중일기』, 22쪽; 앞의 책, 국방부,『한국전쟁사』제1권(개정판), 전사편찬위원회, 1977, 610쪽.

35) 앞의 책, 프란체스카 도너 리,『프란체스카의 난중일기』, 22쪽.

36) 같은 책, 23쪽.

37) 앞의 책, The Ambassador in Korea(Muccio) to the Secretary of State,『FRUS, 1950』, Vol. Ⅶ, p.127.

38) 앞의 책, 프란체스카 도너 리,『프란체스카의 난중일기』, 23쪽.

39) 앞의 책, The Ambassador in Korea(Muccio) to the Secretary of State,『FRUS, 1950』, Vol. Ⅶ, p.125.

40) 앞의 책, 프란체스카 도너 리,『프란체스카의 난중일기』, 29쪽.

41) 같은 책, 22쪽; 앞의 책, 국방부,『한국전쟁사』제1권(개정판), 전 사편찬위원회, 1977, 610쪽.

42) 앞의 책, 부산일보사 편,『임시수도 천일』상, 16쪽.

43) 앞의 책, The Ambassador in Korea(Muccio) to the Secretary of State,『FRUS, 1950』, Vol. Ⅶ, p.129.

44) 같은 책, p.130.

45) 오진근·임성채,『해군창설의 주역 손원일 제독』상, 한국해양전 략연구소, 2006, 273-274쪽.

46) 같은 책, 308쪽.

47) 앞의 책, 부산일보사 편,『임시수도 천일』상, 17쪽.

48) 앞의 책, 국방부,『한국전쟁사』제1권(개정판), 전사편찬위원회, 1977, 611쪽.

49) 앞의 책, The Ambassador in Korea(Muccio) to the Secretary of State,『FRUS 1950』, Vol. Ⅶ, pp.126.

50) 같은 책, p.130.

51) 앞의 책, 국방부,『한국전쟁사』제1권(개정판), 전사편찬위원회, 1977, 611쪽.

52) 앞의 책, The Ambassador in Korea(Muccio) to the Secretary of State,『FRUS, 1950』, Vol. Ⅶ, p.130.

53) 같은 책, p.129.

54) 같은 책, p.129.

55) 같은 책, p.130.

56) 국방부군사편찬연구소,『6·25전쟁사』제3권, 2006, 35쪽.

57) 앞의 책, The Ambassador in Korea(Muccio) to the Secretary of State,『FRUS, 1950』, Vol. Ⅶ, p.130.

58) 앞의 책, 국방부,『한국전쟁사』제1권(개정판), 전사편찬위원회, 1977, 608-609쪽.

59) 같은 책, 609쪽.

60) 같은 책, 609쪽.

61) 정병준,『우남 이승만 연구』, 역사비평사, 2006, 254쪽, 401쪽.

62) 앞의 책, The Ambassador in Korea(Muccio) to the Secretary of State,『FRUS, 1950』, Vol. Ⅶ, p.130.

63) 같은 책, p.131.

64) 같은 책, pp.129-131.

65) 같은 책, p.141; 같은 책, p.147.

66) 앞의 책, 한표욱,『한미외교 요람기』, 중앙신서, 1984, 76쪽.

67) 같은 책, 77쪽.

68) 같은 책, 76-78쪽.

69) 앞의 책, 국방부,『한국전란1년지』, 선광인쇄주식회사, 1951, B11쪽.

70) 앞의 책, 국방부,『한국전쟁사』제1권(개정판), 전사편찬위원회, 1977, 611쪽.

71) Roy E. Appleman,『United States Army in the Korean War: South to the Naktong, North to the Yalu』, Washington, D.C.: Center of Military History United States Army, 1992, pp.22-23.

72) 앞의 책, 국방부,『한국전쟁사』제1권(개정판), 전사편찬위원회, 1977, 579쪽.

73) 같은 책, 611쪽.

74) 같은 책, 631쪽.

75) 앞의 책, 국방부, 『한국전란1년지』, 선광인쇄주식회사, 1951, C48-49쪽.

76) 같은 책, D19-20쪽; 앞의 책, 국방부, 『한국전쟁사』 제1권(개정판), 전사편찬위원회, 1977, 628-629쪽; 앞의 책, 국방부군사편찬연구소, 『6·25전쟁사』 제2권, 2005, 88-89쪽.

77) 앞의 책, 국방부군사편찬연구소, 『6·25전쟁사』 제2권, 91쪽.

78) 같은 책, 87쪽.

79) 앞의 책, 국방부, 『한국전쟁사』 제1권(개정판), 전사편찬위원회, 1977, 611쪽.

80) The Ambassador in Korea(Muccio) to the Secretary of State(1950. 6. 25. 3pm), 『FRUS, 1950』, Vol. Ⅶ, p.129; James F. Schnabel, 『Policy and Direction: The First Year』, Washington, D.C.: Center of Military History United States Army, 1990, p.65.

81) 앞의 책, James F. Schnabel, 『Policy and Direction: The First Year』, Washington, D.C.: Center of Military History United States Army, 1990, p.65.

82) 앞의 책, The Ambassador in Korea(Muccio) to the Secretary of State(1950. 6. 25. 3pm), 『FRUS, 1950』, Vol. Ⅶ, p.129.

83) 앞의 책, James F. Schnabel, 『Policy and Direction: The First Year』, Washington, D.C.: Center of Military History United States Army, 1990, p.66; 앞의 책, 국방부, 『한국전쟁사』 제1권(개정판), 전사편찬위원회, 1977, 611쪽.

84) The Ambassador in Korea(Muccio) to the Secretary of State(1950. 6. 25. 7pm), 『FRUS, 1950』, Vol. Ⅶ, p.133.

85) 앞의 책, 국방부, 『한국전쟁사』 제1권(개정판), 전사편찬위원회, 1977, 823쪽.

86) 앞의 책, 공군본부, 『6·25전쟁 항공전사』, 공군본부, 2002, 33쪽.

87) 앞의 책, 국방부, 『한국전란1년지』, 선광인쇄주식회사, 1951, B11쪽.

88) 앞의 책, 국방부, 『한국전쟁사』 제1권(개정판), 전사편찬위원회,

1977, 823쪽.

89) 같은 책, 823쪽.

90) 같은 책, 824쪽.

91) 같은 책, 825쪽.

92) 딘 헤스, 이동은 역, 『배틀 힘(battle Hymn)』, 도서출판 감자, 2000, 106-107쪽.

93) 앞의 책, 공군본부, 『6·25전쟁 항공전사』, 공군본부, 2002, 34-35쪽.

94) 앞의 책, The Ambassador in Korea(Muccio) to the Secretary of State, 『FRUS 1950』, Vol. Ⅶ, pp.141-142.

95) 같은 책, p.142.

96) 같은 책, p.142.

97) 같은 책, p.142.

98) 같은 책, p.143.

99) 온창일, 「전쟁지도자로서 이승만 대통령」, 앞의 책, 유영익 편, 『이승만 대통령 재평가』, 연세대학교 출판부, 2006, 215쪽.

100) 앞의 책, The Ambassador in Korea(Muccio) to the Secretary of State, 『FRUS 1950』, Vol. Ⅶ, p.142.

101) 앞의 책, 부산일보사 편, 『임시수도 천일』 상, 24쪽.

102) 앞의 책, 프란체스카 도너 리, 『프란체스카의 난중일기』, 23쪽.

103) 같은 책, 23쪽.

104) 같은 책, 23-24쪽.

105) The Ambassador in Korea(Muccio) to the Secretary of State, June 26, 1950, 『FRUS 1950』, Vol. Ⅶ, p.147.

106) 같은 책, p.147.

107) 같은 책, p.148.

108) 앞의 책, 국방부, 『한국전쟁사』 제1권(개정판), 전사편찬위원회, 1977, 631쪽; 앞의 책, 국방부군사편찬연구소, 『북한의 전면남침과 초기방어전투』 제2권, 군사편찬연구소, 2005, 81쪽.

109) 앞의 책, 국방부군사편찬연구소, 『북한의 전면남침과 초기방어전투』 제2권, 군사편찬연구소, 2005, 67쪽.

110) 앞의 책, Muccio to the Secretary of State, June 26, 1950, 『FRUS 1950』, Vol. Ⅶ, p.142.

111) 앞의 책, 국방부, 『한국전쟁사』 제1권(개정판), 전사편찬위원회, 1977, 587쪽.

112) 같은 책, 587쪽.

113) 같은 책, 587쪽.

114) 같은 책, 612쪽.

115) 대한민국 국회사무처, 『國會史: 제헌국회, 제2대국회, 제3대 국회』, 광명인쇄사, 1971, 340쪽; 앞의 책, The Ambassador in Korea(Muccio) to the Secretary of State, June 26, 1950, 『FRUS 1950』, Vol. Ⅶ, p.167.

116) 앞의 책, The Ambassador in Korea(Muccio) to the Secretary of State, June 26, 1950, 『FRUS 1950』, Vol. Ⅶ, p.167.

117) 앞의 책, 대한민국 국회사무처, 『國會史: 제헌국회, 제2대국회, 제3대국회』, 광명인쇄사, 1971, 340쪽.

118) 앞의 책, 국방부, 『한국전쟁사』 제1권(개정판), 전사편찬위원회, 1977, 613쪽.

119) 같은 책, 613쪽.

120) 앞의 책, 프란체스카 도너 리, 『프란체스카의 난중일기』, 24쪽.

121) 앞의 책, 「연합신문 이지웅 기자 증언」, 국방부, 『한국전쟁사』 제1권(개정판), 전사편찬위원회, 1977, 557쪽.

122) 앞의 책, 프란체스카 도너 리, 『프란체스카의 난중일기』, 24쪽.

123) 앞의 책, 부산일보사 편, 『임시수도 천일』 상, 24쪽.

124) 앞의 책, 국방부, 『한국전쟁사』 제1권(개정판), 전사편찬위원회, 1977, 617쪽.

125) 앞의 책, The Ambassador in Korea(Muccio) to the Secretary of State, June 26, 1950, 『FRUS 1950』, Vol. Ⅶ, p.170.

126) 해럴드 노블, 박실 역, 『이승만 박사와 미국대사관: 이승만·미대사관·워싱턴을 잇는 외교내막』, 정호출판사, 1983, 40쪽.

127) 앞의 책, 한표욱, 『한미외교 요람기』, 중앙신서, 1984, 86쪽.

128) 같은 책, 86쪽.

129) 앞의 책, 국방부, 『한국전쟁사』 제1권(개정판), 전사편찬위원회, 1977, 617쪽.

130) Glenn D. Paige, 『The Korean Decision, June 24-30, 1950』, New York: The Free Press, 1968, p.158; 앞의 책, 한표욱, 『한미외교 요람기』, 중앙신서, 1984, 87쪽.

131) 앞의 책, Glenn D. Paige, 『The Korean Decision, June 24-30, 1950』, New York: The Free Press, 1968, p.158

132) 앞의 책, 국방부, 『한국전쟁사』 제1권(개정판), 전사편찬위원회, 1977, 617쪽.

133) 앞의 책, 부산일보사 편, 『임시수도 천일』 상, 25쪽,

134) 같은 책, 25쪽; 앞의 책, 국방부, 『한국전쟁사』 제1권(개정판), 전사편찬위원회, 1977, 617쪽.

135) 앞의 책, 프란체스카 도너 리, 『프란체스카의 난중일기』, 25쪽.

136) 같은 책, 25쪽.

137) 같은 책, 25쪽.

138) 같은 책, 25쪽.

139) 앞의 책, 부산일보사 편, 『임시수도 천일』 상, 26쪽.

140) 앞의 책, 공군본부, 『6·25전쟁 항공전사』, 공군본부, 2002, 15쪽.

141) 법무부, 『한국 교정사』, 1987, 496-505쪽; 국방부군사편찬연구소, 『6·25전쟁사』 제3권, 2006, 25-26쪽.

142) 앞의 책, 국방부, 『한국전쟁사』 제1권(개정판), 전사편찬위원회, 1977, 618쪽.

143) 앞의 책, 프란체스카 도너 리, 『프란체스카의 난중일기』, 26쪽.

144) 앞의 책, 국방부, 『한국전쟁사』 제1권(개정판), 전사편찬위원회, 1977, 610쪽, 618쪽.

145) 앞의 책, The Ambassador in Korea(Muccio) to the Secretary of State, June 26, 1950, 『FRUS 1950』, Vol. Ⅶ, p.172.

146) 같은 책, p.176.

참고 문헌

1. 국문자료

A. V. 토르쿠노프, 구종서 역,『한국전쟁의 진실과 수수께끼』, 에디터, 2003.

갈홍기,『세계의 위인: 외국인이 본 이승만 대통령』, 공보실, 1956.

_____,『이승만 대통령 각하 방미수행기』, 1955.

_____,『대통령 이승만 박사약전』, 대한민국 공보처, 1955.

강인섭, 「이승만 박사의 일화들」,『신동아』 9월호: 258-268쪽, 1965.

경찰청,『경찰50년사』, 경찰사편찬위원회, 1995.

경향신문사 편,『내가 겪은 20세기: 백발의 증언 원로와의 대화』, 경향신문사, 1974.

고정휴,『이승만과 한국독립운동』, 연세대학교 출판부, 2004.

공군본부,『6·25전쟁 항공전사』, 공군본부, 2002.

공보실,『세기의 위인: 외국인이 본 이승만 대통령』, 공보실, 1956.

_____,『우리 대통령 이승만』, 공보실, 1959.

공보처,『대통령 이승만 담화집(경제·외교·군사·문화·사회편)』, 공보처, 1952.

_____,『대통령 이승만 담화집(정치편)』, 공보처, 1952.

_____,『대통령 이승만 박사 담화집』, 공보처, 1953.

국방군사연구소,『한국전쟁』 상, 국방군사연구소, 1995.

국방부 군사편찬연구소 역,『소련군사고문단장 라주바예프의 6·25전쟁보고서』, 군사편찬연구소, 2001.

_____, 『6·25전쟁사』 제1-11권, 군사편찬연구소, 2004-2013.

국방부,『한국전란1년지: 1950년 5월 1일~1951년 6월 30일』, 정훈국 전사편찬회, 1951.

_____,『한국전쟁사』 1권(개정판), 전사편찬위원회, 1977.

김광섭 편,『반공애국지도자 이승만 대통령 전 세계에 외치다』, 대한신문사출판부, 1952.

＿＿＿＿, 『이 대통령 훈화록』, 중앙문화협회, 1950.

김교식, 「이승만 정권의 특무대장: 김창룡 사건의 배후는 이렇다!」, 『마당』 10월호: 196-207쪽, 1984.

김동춘, 『전쟁과 사회: 우리에게 한국전쟁은 무엇이었나』, 돌베개, 2009.

김석영 편, 『경무대의 비밀: 이제야 모든 진상을 알게 되었다』 제1집, 평진문화사, 1960.

김인서, 『망명노인 이승만 박사를 변호함』, 독학협회출판사, 1963.

김장흥, 『민족의 태양: 우남 이승만 박사 평전』, 백조사, 1956.

김정렬, 『김정렬 회고록』, 을유문화사, 1993.

김중원, 『이승만 박사전』, 한미문화협회, 1958.

남시욱, 『6·25전쟁과 미국: 트루먼·애치슨·맥아더의 역할』, 청미디어, 2015.

남정욱, 「6·25전쟁과 이승만 대통령의 전쟁지도」, 『軍史』 제63호, 2007. 6.

＿＿＿＿, 『6·25전쟁시 예비전력과 국민방위군』, 한국학술정보, 2010.

＿＿＿＿, 『6·25전쟁의 재인식과 이해』, 전쟁기념관, 2014.

＿＿＿＿, 『미국은 왜 한국전쟁에서 휴전할 수밖에 없었을까』, 한국학술 정보, 2010.

＿＿＿＿, 『이승만 대통령과 6·25전쟁』, 이담북스, 2010.

＿＿＿＿, 『한미군사관계사 1871-2002』, 군사편찬연구소, 2003.

＿＿＿＿ 외, 『이승만과 6·25전쟁』, 연세대학교 출판문화원, 2012.

＿＿＿＿ 외, 『이승만연구의 흐름과 쟁점』, 연세대학교 출판문화원, 2012.

대한민국 국회사무처, 『國會史: 제헌국회, 제2대국회, 제3대국회』, 광명인쇄사, 1971.

딘 헤스, 이동은 역, 『배틀 힘(battle Hymn)』, 도서출판 감자, 2000.

라종일, 「영국이 본 이승만의 북진통일론」, 『광장』 7월호: 144-160쪽, 1985.

러시아 국방부, 김종국 역, 『러시아가 본 한국전쟁』, 교육사령부, 2002.

로버트 T. 올리버, 박일영 역, 『大韓民國 建國의 秘話: 李承晩과 韓美關係』, 계명사, 1990.

_____, 황정일 역, 『신화에 가린 인물 이승만』, 건국대학교 출판부, 2002.

류상영, 「한국전쟁 전후 이승만 정권의 구조와 변화」, 『연세대 원우논집』 제18집, 1991. 2.

리선근, 『대한민국 초대대통령 우남 이승만 박사 약전』, 1975.

박용만, 『경무대 비화』, 삼국문화사. 1975.

_____, 『제1공화국 경무대의 비화』, 내외신서, 1965.

백선엽, 『6.25전쟁회고록 한국 첫 4성 장군 백선엽: 군과 나』, 대륙연구소 출판부, 1989.

법무부, 『한국교정사』, 1987.

변영태, 『나의 조국』, 자유출판사 1956.

부산일보사, 『임시수도 천일』 상·하, 부산일보사, 1985.

서정주, 『우남 이승만전』, 화산, 1995.

서주석, 「한국전쟁과 이승만 정권의 권력강화」, 『역사비평』 제9호 5월호: 134-148쪽, 1990.

손세일, 『이승만과 김구』, 일조각, 1975.

송건호, 「李承晩」, 『韓國現代史人物論』, 한길사, 1984.

오진근·임성채, 『해군창설의 주역 손원일 제독: 가슴 넓은 사나이의 사랑이야기』 상·하, 한국해양전략연구소, 2006.

외무부 편, 『外務行政의 十年』, 외무부, 1959.

우남이승만박사서집발간위원회 편, 『우남 이승만 박사 서집』, 촛불, 1990.

유영익, 『이승만의 삶과 꿈: 대통령이 되기까지』, 중앙일보사, 1996.

_____ 편, 『이승만 대통령 재평가』, 연세대학교 출판부, 2006.

_____ 편, 『한국과 6.25』, 연세대학교 출판부, 2003.

육군교육사령부, 「이승만의 전쟁지도」, 『전쟁지도이론과 실제』, 육군교육사령부, 1991.

이도형, 『건국의 아버지 이승만』, 한국논단, 2001.

이원순, 『인간 이승만』, 신태양사, 1995.

이인수, 『대한민국의 건국』, 도서출판 촛불, 2001.

이주영, 『우남 이승만 그는 누구인가』, 배재학당 총동창회, 2008.

＿＿＿＿＿,『이승만 평전』, 살림, 2015.

＿＿＿＿＿,『이승만과 그의 시대』, 기파랑, 2011.

이한우,『거대한 생애: 이승만 90년』상·하, 조선일보사, 1995-1996.

＿＿＿＿＿,『우남 이승만 대한민국을 세우다』, 해냄, 2008.

임병직,「한국전쟁 20년: 이박사와 더불어 부산까지」,『신동아』6월호, 1970.

＿＿＿＿＿,『임병직 회고록』, 1964.

＿＿＿＿＿,『임병직장관 회고록: 임정에서 인도까지』, 외교통상부 외교안보연구원, 1998.

정병준,『우남 이승만 연구』, 역사비평사, 2006.

정일권,『정일권 회고록: 6·25전쟁비록 전쟁과 휴전』, 동아일보사, 1986.

조병옥,『나의 회고록』, 도서출판 해동, 1986.

중앙일보사 편,『한국전쟁실록: 민족의 증언』제1권, 중앙일보사, 1972.

짐 하우스만·정일화,『한국대통령을 움직인 미군대위 하우스만 증언』, 한국문원, 1995.

프란체스카 도너 리, 조혜자 역,『이승만 대통령의 건강: 프란체스카 여사의 살아온 이야기』, 도서출판 촛불, 2006.

＿＿＿＿＿＿＿＿＿＿＿＿＿＿＿,『프란체스카의 난중일기: 6·25와 이승만』, 기파랑, 2010.

한표욱,『이승만과 한미외교』, 중앙일보사, 1996.

＿＿＿＿＿,『한미외교 요람기』, 중앙신서, 1984.

합동참모본부,『한국전사』, 합동참모본부 군사연구실, 1984.

헤럴드 노블, 박실 역,『이승만 박사와 미국대사관: 한국동란과 서울, 워싱턴의 외교내막』, 정호출판사, 1983.

헤럴드 노블, 박실 역,『戰火 속의 大使館』, 한섬사, 1980.

허정,『내일을 위한 증언: 허정 회고록』, 샘터사, 1979.

＿＿＿＿＿,『우남 이승만』, 태극출판사, 1974.

홍석률,「한국전쟁 직후 미국의 이승만 제거계획」,『역사비평』제26호 여름, 1994.

2. 영문자료

Acheson, Dean, 『The Korean War』, New York: W. W. Norton, 1969.

Allen, Richard C., 『Korea's Syngman Rhee: An Unauthorized Portrait』, Rutland, Vermont and Tokyo, Japan: Charles E. Tuttle Co., 1960.

Bradley, Omar N. and Clay Blair, 『A General's Life: An Autobiography by General of the Army』, New York: Simon&Schuster, 1983.

Brown, Anthony C., 『The Secret War Report of the OSS』, Bakerly Publication Corp, 1976.

Clark, Mark Wayne, 『From the Danube to the Yalu』, New York: Harper and Bros., 1954.

Collins, J. Lawton, 『War in Peacetime: The History and Lessons of Korea』, Norwalk, Conns:, the Eastern Press, 1969.

Manchester, William, 『American Caesar: Douglas MacArthur』, 1880-1964, New York: Dell, 1978.

Oliver, Robert T., 『Syngman Rhee: The Man Behind the Myth』, New York: Dodd Mead and Company, 1960.

Paige, Glenn D., 『The Korean Decision, June 24-30, 1950』, New York: The Free Press, 1968.

Ridgway, Matthew B., 『The Korean War』, Garden City, NY: Doubleday, 1967.

Schnabel, James F., 『Policy and Direction: The First Year』, Washington, D. C.: Center of Military History United States Army, 1988.

Talyor, John M., 『General Maxwell Taylor: The Sword and the Pen』, New York Doubleday, 1989.

Truman, Harry S., 『Years of Trial and Hope』, Vol. Ⅱ, Garden City, NY: Doubleday, 1956.

United States Department of State, 『Foreign Relations of the United States 1950』, Vol. Ⅶ, Washington D. C. : U. S. Government Printing Office, 1976.

북한 남침 이후 3일간, 이승만 대통령의 행적

펴낸날	초판 1쇄 2015년 10월 30일

지은이	남정옥
펴낸이	심만수
펴낸곳	(주)살림출판사
출판등록	1989년 11월 1일 제9-210호

주소	경기도 파주시 광인사길 30
전화	031-955-1350 팩스 031-624-1356
기획·편집	031-955-4671
홈페이지	http://www.sallimbooks.com
이메일	book@sallimbooks.com

ISBN	978-89-522-3276-2 04080

※ 값은 뒤표지에 있습니다.
※ 잘못 만들어진 책은 구입하신 서점에서 바꾸어 드립니다.

이 도서의 국립중앙도서관 출판시도서목록(CIP)은 서지정보유통지원시스템 홈페이지
(http://seoji.nl.go.kr)와 국가자료공동목록시스템(http://www.nl.go.kr/kolisnet)에서
이용하실 수 있습니다.(CIP제어번호: CIP2015029059)

책임편집·교정교열 박종훈

085 책과 세계

강유원(철학자)

책이라는 텍스트는 본래 세계라는 맥락에서 생겨났다. 인류가 남긴 고전의 중요성은 바로 우리가 가 볼 수 없는 세계를 글자라는 매개를 통해서 우리에게 생생하게 전해 주는 것이다. 이 책은 역사라는 시간과 지상이라고 하는 공간 속에 나타났던 텍스트를 통해 고전에 담겨진 사회와 사상을 드러내려 한다.

056 중국의 고구려사 왜곡　　eBook

최광식(고려대 한국사학과 교수)

중국의 고구려사 왜곡의 숨은 의도와 논리, 그리고 우리의 대응 방안을 다뤘다. 저자는 동북공정이 국가 차원에서 진행되는 정치적 프로젝트임을 치밀하게 증언한다. 경제적 목적과 영토 확장의 이해관계 등이 복잡하게 얽혀 있는 동북공정의 진정한 배경에 대한 설명, 고구려의 역사적 정체성에 대한 문제, 고구려사 왜곡에 대한 우리의 대처방법 등이 소개된다.

291 프랑스 혁명　　eBook

서정복(충남대 사학과 교수)

프랑스 혁명은 시민혁명의 모델이자 근대 시민국가 탄생의 상징이지만, 그 실상을 아는 사람은 많지 않다. 프랑스 혁명이 바스티유 습격 이전에 이미 시작되었으며, 자유와 평등 그리고 공화정의 꽃을 피기 위해 너무 많은 피를 흘렸고, 혁명의 과정에서 해방과 공포가 엇갈리고 있었다는 등의 이야기를 통해 프랑스 혁명의 실상을 소개한다.

139 신용하 교수의 독도 이야기　　eBook

신용하(백범학술원 원장)

사학계의 원로이자 독도 관련 연구의 대가인 신용하 교수가 일본의 독도 영토 편입문제를 걱정하며 일반 독자가 읽기 쉽게 쓴 책. 저자는 역사적으로나 국제법상으로 실효적 점유상으로나, 어느 측면에서 보아도 독도는 명백하게 우리 땅이라고 주장하며 여러 가지 역사적인 자료를 제시한다.

144 페르시아 문화

eBook

신규섭(한국외대 연구교수)

인류 최초 문명의 뿌리에서 뻗어 나와 아랍을 넘어 중국, 인도와 파키스탄, 심지어 그리스에까지 흔적을 남긴 페르시아 문화에 대한 개론서. 이 책은 오랫동안 베일에 가려 있던 페르시아 문명을 소개하여 이슬람에 대한 편견과 오해를 바로 잡는다. 이태백이 이란계였다는 사실, 돈황과 서역, 이란의 현대 문화 등이 서술된다.

086 유럽왕실의 탄생

김현수(단국대 역사학과 교수)

인류에게 '예술과 문명' 그리고 '근대와 국가'라는 개념을 선사한 유럽왕실. 유럽왕실의 탄생배경과 그 정체성은 무엇인가? 이 책은 게르만의 한 종족인 프랑크족과 메로빙거 왕조, 프랑스의 카페 왕조, 독일의 작센 왕조, 잉글랜드의 웨섹스 왕조 등 수많은 왕조의 출현과 쇠퇴를 통해 유럽 역사의 변천을 소개한다.

016 이슬람 문화

이희수(한양대 문화인류학과 교수)

이슬람교와 무슬림의 삶, 테러와 팔레스타인 문제 등 이슬람 문화 전반을 다룬 책. 저자는 그들의 멋과 가치관을 흥미롭게 설명하면서 한편으로 오해와 편견에 사로잡혀 있던 시각의 일대 전환을 요구한다. 이슬람교와 기독교의 관계, 무슬림의 삶과 낭만, 이슬람 원리주의와 지하드의 실상, 팔레스타인 분할 과정 등의 내용이 소개된다.

100 여행 이야기

eBook

이진홍(한국외대 강사)

이 책은 여행의 본질 위를 '길거리의 철학자'처럼 편안하게 소요한다. 먼저 여행의 역사를 더듬어 봄으로써 여행이 어떻게 인류 역사의 형성과 같이해 왔는지를 생각하고, 다음으로 여행의 사회학적 · 심리학적 의미를 추적함으로써 여행에 어떤 의미를 부여할 것인가에 대해 말한다. 또한 우리의 내면과 여행의 관계 정의를 시도한다.

293 문화대혁명 중국 현대사의 트라우마   eBook

백승욱(중앙대 사회학과 교수)

중국의 문화대혁명은 한두 줄의 정부 공식 입장을 통해 정리될 수 없는 중대한 사건이다. 20세기 중국의 모든 모순은 사실 문화대혁명 시기에 집약되어 있다고 해도 과언이 아니다. 사회주의 시기의 국가 · 당 · 대중의 모순이라는 문제의 복판에서 문화대혁명을 다시 읽을 필요가 있는 지금, 이 책은 문화대혁명에 대한 안내자가 될 것이다.

174 정치의 원형을 찾아서   eBook

최자영(부산외국어대학교 HK교수)

인류가 걸어온 모든 정치체제들을 매우 짧은 기간 동안 시험하고 정비한 나라, 그리스. 이 책은 과두정, 민주정, 참주정 등 고대 그리스의 정치사를 추적하고, 정치가들의 파란만장한 일화 등을 소개하고 있다. 특히 이 책의 저자는 아테네인들이 추구했던 정치방법이 오늘 우리 사회가 당면한 문제를 해결할 수 있는 지혜의 발견에 도움을 줄 수 있을 것이라고 말한다.

420 위대한 도서관 건축순례   eBook

최정태(부산대학교 명예교수)

이 책은 도서관의 건축을 중심으로 다룬 일종의 기행문이다. 고대 도서관에서부터 21세기에 완공된 최첨단 도서관까지, 필자는 가능한 많은 도서관을 직접 찾아보려고 애썼다. 미처 방문하지 못한 도서관에 대해서는 문헌과 그림 등 가능한 많은 정보를 수집하려 노력했다. 필자의 단상들을 함께 읽는 동안 우리 사회에서 도서관이 차지하는 의미에 대해 다시 생각하게 된다.

421 아름다운 도서관 오디세이   eBook

최정태(부산대학교 명예교수)

이 책은 문헌정보학과에서 자료 조직을 공부하고 평생을 도서관에 몸담았던 한 도서관 애찬가의 고백이다. 필자는 퇴임 후 지금까지 도서관을 돌아다니면서 직접 보고 배운 것이 40여 년 동안 강단과 현장에서 보고 얻은 이야기보다 훨씬 많았다고 말한다. '세계 도서관 여행 가이드'라 불러도 손색없을 만큼 풍부하고 다채로운 내용이 이 한 권에 담겼다.

eBook 표시가 되어있는 도서는 전자책으로 구매가 가능합니다.

(주)**살림출판사**
www.sallimbooks.com
주소 경기도 파주시 문발동 522-1 | 전화 031-955-1350 | 팩스 031-955-1355